perspectivas contemporâneas sobre as cidades brasileiras

eduardo costa (org.)

a editora Alameda não se responsabiliza pelo projeto gráfico e pela revisão deste livro que foi inteiramente desenvolvido pela equipe organizadora.

eduardo costa (org.)

alessandra silva
camila gonçalves
camila torato
daniela moraes
débora saraiva
douglas mendes
gabriel sugiyama
helena monteiro
henrique monteiro
laísa cordeiro
larissa grego
laura tonet
letícia nunes
leticia tomé
mariana castro
mariana girardi
mariana valentim
marielle tokumoto
marina corona
marina nakahara
rafael breda
raissa rodrigues
thais waack
verônica lombardi
victória maia

© Eduardo Augusto Costa, 2018

Grafia atualizada segundo o Acordo Ortográfico da Língua Portuguesa.

Conselho editorial
Ana Paula Torres Megiani
Eunice Ostrensky
Haroldo Ceravolo Sereza
Joana Monteleone
Maria Luiza Ferreira de Oliveira
Ruy Braga

Coordenação editorial Eduardo Augusto Costa
Projeto gráfico Alessandra Silva, Larissa Grego, Letícia Tomé, Natan Ferreira e Verônica Lombardi
Produção gráfica Letícia Tomé e Alessandra Silva
Capa Natan Ferreira

CIP-BRASIL. CATALOGAÇÃO NA PUBLICAÇÃO
SINDICATO NACIONAL DOS EDITORES DE LIVROS, RJ
P553

Perspectivas contemporâneas sobre as cidades brasileiras / organização Eduardo Augusto Costa. — 1. ed. — São Paulo: Alameda, 2018.
120 p.; 21 cm.

ISBN 978-85-7939-544-4

1. Cidades e vilas - História. 2. Regiões metropolitanas. 3. Planejamento urbano. I. Costa, Eduardo.
18-48294   CDD: 711.43   CDU: 711.432

Alameda Casa Editorial
Rua 13 de Maio, 353 — Bela Vista
CEP 01327-000 — São Paulo, SP
Tel. (11) 3012-2403
www.alamedaeditorial.com.br

sumário

7 apresentação

13 ana castro
21 flávia brito do nascimento
31 nilce aravecchia-botas
43 joana barros
55 paula santoro
67 andré dal'bó da costa
79 diana helene
91 luciana ferrara
103 paulo tavares

114 biografias

apresentação

por Eduardo Costa

As entrevistas aqui reunidas foram realizadas pelos alunos da disciplina Estudos Socioeconômicos II do Curso de Arquitetura e Urbanismo da Unicamp, sob minha responsabilidade no 1º semestre de 2017. Buscando cumprir uma carga teórica ampla e circunscrita aos debates contemporâneos das cidades, organizei um conjunto de leituras referenciadas na produção de jovens pesquisadores brasileiros. A intenção primeira era identificar reflexões renovadas do pensamento urbano, com novas proposições de aproximações, problemas e desafios. Um ano antes, já havia realizado experiência parecida com outra turma de alunos, mas, naquele momento, com nomes já consagrados. A proposta colocada em prática naquele ano rendeu profícuas reflexões, mas, por uma série de motivos, não progrediu para uma publicação como esta que aqui apresentamos.

Em 2017, a proposta foi retomada e organizada de maneira mais objetiva, para que, ao término da disciplina, pudéssemos reunir os resultados numa edição impressa. Tal atividade foi programada para que se realizasse um conjunto de leituras, assim como para envolver os alunos diretamente na formulação de todas as entrevistas. Neste sentido, é importante dizer que o processo de elaboração semanal do trabalho teve um papel estruturante no resultado final aqui expresso, e, também por isso, merece uma breve apresentação.

Logo no início da disciplina, apresentei o nome de alguns pesquisadores e certos pontos que estruturam suas investigações. Escolhidos os nomes e divididos em grupos, os alunos apresentaram, em seguida, uma breve biografia dos entrevistados, o que foi elaborado a partir de publicações disponíveis nas bibliotecas da universidade e em sites da internet. Tais biografias serviram de referência para uma primeira aproximação com os textos e seus problemas teóricos. Aula a aula, passamos a debater um texto de autoria de um dos jovens pesquisadores e outro complementar indicado por mim, o que pode ser identificado, muitas vezes, ao longo das entrevistas aqui reunidas. Desta maneira, buscou-se dar um embasamento teórico mais amplo sobre os temas tratados ao longo dos textos, qualificando assim a reflexão. Ao término de cada aula, todos os grupos apresentavam um conjunto de três a quatro questões, o que serviu de base para a formulação de um roteiro de perguntas. Desta maneira, o envolvimento dos alunos se deu não apenas em relação à entrevista que estiveram diretamente encarregados, mas também em relação a cada uma das aqui apresentadas. Trata-se, portanto, de um trabalho essencialmente coletivo, gestado dentro da sala de aula. Ao término do semestre, os alunos encaminharam a transcrição completa da entrevista, onde se pôde ver expressa a qualidade do trabalho e a importância do envolvimento na sua elaboração e realização.

As entrevistas acabaram por abordar temas bastante diversos, mas não por isso menos importantes. **Ana Castro**, que abre a série de entrevistas, debate a renovação das metodologias de pesquisa que vem se equacionando nos últimos anos em meio à disciplina. Neste caso, é por meio da literatura que enfrenta as fissuras inerentes ao processo de modernidade das cidades brasileiras e latino-americanas, destacando que a reflexão histórica tem se dado por meio de revistas, mapas, fotografias e tantos outros suportes documentais. Trata-se de uma trabalho essencialmente dialético e que tem raízes nos debates associados à cultura material. Este problema está posto também em quase todas as outras entrevistas, destacando que esta geração de novos pesquisadores mobiliza documentos de naturezas diversas como despachos da justiça, leis, fotografias de satélite, relatos da população, cartilhas e manuais.

A revisão da historiografia da arquitetura moderna é o centro do debate organizado ao longo da entrevista com **Flávia Brito do Nascimento**, que ainda desenvolve uma reflexão especialmente atenta aos processos de patrimonialização dos conjuntos residenciais modernos. Neste sentido, problematiza-se não apenas a proeminência de obras canônicas da historiografia da arquitetura brasileira, mas também a ausência de arquiteturas 'menores' e outros debates sobre a produção realizada em períodos 'difíceis', como a do BNH promovida durante a Ditadura Militar. Assim como Flávia deixa claro a necessidade de uma mudança de olhar historiográfico, **Nilce Aravecchia-Botas** evidencia que esta avaliação crítica da produção do passado é meio indispensável à produção e reflexão contemporânea associada à habitação. Para esta pesquisadora, a própria arquitetura só poderá reatar seu papel como disciplina relevante em nossa sociedade, se reavaliarmos a sua participação, muitas vezes controversa, nos processos de modernização do país.

A relação entre Estado, mercado e participação popular é outro tema recorrente das entrevistas aqui apresentadas. Tomando como base sua experiência com projetos de autogestão assim como a crítica que se equacionou através do texto *O vício da virtude* de Chico de Oliveira, **Joana Barros** apresenta reflexões importantes sobre as experiências de participação popular tanto no âmbito da produção habitacional como no da formulação de Planos Diretores. Para tanto, tem-se como pano de fundo o processo de redemocratização do Brasil, onde a participação popular assumiu um lugar relevante na formulação de políticas públicas e leis associadas às cidades. Não por menos, os Planos Diretores são, nas palavras de **Paula Santoro**, um 'pacto social' da democracia e assumem, assim, um lugar relevante na produção das cidades brasileiras a partir dos anos 1980. Para esta pesquisadora, formula-se, ainda, um debate bastante elaborado no que tange aos limites territoriais entre urbano e rural. Tem-se aí uma reflexão lapidada, onde as políticas urbanas contemporâneas mostram claramente seus limites.

A constituição do território e seus conflitos inerentes é outro tema que perpassa as entrevistas aqui apresentadas. Em alguns casos, não são os mecanismos democráticos de organização das cidades que merecem atenção, mas, justamente, a invisibilidade que se esconde sob sua penumbra. **André Dal'Bó da Costa** detém sua reflexão sobre os pobres e partícipes de movimentos sociais, invisíveis até mesmo ao IBGE. Assim, revela a impossibilidade de implementação da mais simples política pública, o que se equaciona em ocupações e ações de visibilidade perante à sociedade. A ocupação é, portanto, um recurso limite frente à invisibilidade dos pobres e excluídos. A relação entre visibilidade e invisibilidade organiza também um grande conjunto de temas relevantes aqui debatidos. Ao trabalhar com as prostitutas do Jardim Itatinga da cidade de Campinas, **Diana Helene** revela não apenas esta violência espacial promovida pelo poder público, mas também o controle dos corpos femininos numa cidade altamente masculinizada. O monopólio da violência, para lembrar o seminal e quase centenário texto de Max Weber, adquire aqui uma dimensão radical.

Por fim, merece atenção a reflexão associada aos debates ambientais e ao da natureza nos processos urbanos de metropolização e ocupação do território nacional. **Luciana Ferrara** expõe de maneira contundente a relação que se estabelece entre a periferização da população, especialmente pobre, numa associação de indiferença do Estado e da sociedade em relação aos mananciais. Este é, para ela, um dos debates chaves a ser enfrentado pelos arquitetos e urbanistas nos processos contemporâneos de urbanização, em especial, nas regiões metropolitanas, onde os problemas ambientais são especialmente sensíveis. Por outro lado, **Paulo Tavares** apresenta a Amazônia como uma *fronteira urbana*, destacando que projetos associados ao modernismo no Brasil – como Brasília, de Lúcio Costa, ou a Vila Serra do Navio, de Oswaldo Bratke – são expressões fundamentais coloniais e, portanto, violentas para com a natureza e a população. A sua relação com o *antropoceno* é portanto inescapável e deve ser enfrentada na emergência contemporânea do destino da Terra e do próprio humano.

Os conteúdos debatidos e apresentados ao longo dessas entrevistas revelam a atualidade e a qualidade da produção intelectual desses jovens pesquisadores. É certo que a estes outros poderiam se somar. Mas este pequeno conjunto não se quer como expressão acabada e sim como possibilidade irrestrita ao ensino de graduação em arquitetura e urbanismo. Neste sentido, o aluno é agente inerente. No caso destas entrevistas, é certo que tal envolvimento foi também possível apenas por se tratar de uma turma dedicada e disposta a enfrentar temas complexos, assim como uma jornada intensa de trabalho. Não por menos, um grupo de alunos estendeu seu envolvimento, dedicando-se ativamente na editoração deste livro. Ao longo do 2º semestre de 2017, ao mesmo tempo em que me dediquei à edição do material transcrito, buscando dar sentido a um conjunto ainda pouco ordenado na sua forma inicial, alguns alunos se envolveram na editoração propriamente, escolhendo as formas de apresentação dos textos, as fontes, os papeis e outros tantos aspectos, dentro de limites muito restritos impostos pela necessária economia.

Perspectivas Contemporâneas sobre as Cidades Brasileiras é portanto expressão de múltiplos aprendizados, que vão dos alunos até o meu enquanto docente. Neste sentido, é também preciso agradecer uma vez mais a generosidade dos entrevistados, que, entusiasmados, aceitaram conceder a entrevista e revisitar os conteúdos editados. Essa publicação não é, portanto, apenas um compêndio de entrevistas, mas uma expressão dos agenciamentos possíveis dentro da universidade pública brasileira. Ao se colocarem frente a frente com jovens pesquisadores, os alunos de graduação, ainda em processo de formação, puderam se aproximar de problemas estruturais para a reflexão urbana nas próximas décadas, mas também de formas de produção e acesso ao conhecimento. Espera-se, assim, que a leitura seja valiosa nos seus mais diversos sentidos e objetivos. E que a universidade pública continue a exercer o seu papel de democratização universal do acesso e da produção do conhecimento.

Campinas, fevereiro de 2018.

"De certo modo, é no bojo dessa renovação historiográfica que, desde fins dos anos 1970 e aqui no Brasil na década de 1980 e 1990, os historiadores e os historiadores urbanos vêm buscando reincorporar novos materiais em suas análises."

ana castro

Entrevista realizada por
Camila Gonçalves, Douglas Mendes e Victória Maia

A partir da sua formação como Arquiteta e Urbanista, em que o estudo do meio urbano é feito, principalmente, dessa forma mais técnica, gostaríamos que comentasse um pouco sobre o que a levou a estudar as cidades por meio da literatura?

Inicialmente, eu poderia dizer: gostar de literatura e de ler. Mas, buscando formular de maneira mais completa para entrar de fato no cerne da questão, devemos pensar que a literatura não "entra" no estudo da história da cidade de maneira absoluta ou exclusiva. O que eu tenho buscado fazer é associá-la a outras fontes. Isso poderia levar a um pensamento que a literatura serviria para comprovar fatos ou questões já trabalhadas pelas fontes mais tradicionais. Do meu ponto de vista, é justamente o contrário. A literatura poderia ajudar a iluminar pontos opacos, revelando o que as fontes tradicionais e as leituras apoiadas apenas nestas fontes eventualmente não puderam atentar. Um exemplo: se pensarmos na virada do século 19 para o 20, no geral, as fontes "técnicas", o discurso dos profissionais da cidade (urbanistas e arquitetos), preocupados com a afirmação de um campo disciplinar novo e com a construção de um saber positivo, provavelmente indicam um caminho mais linear de modernização das cidades, afirmando essa modernização como uma via de mão única. A literatura talvez seja uma das fontes que nos permitiram notar como esse caminho era mais ambíguo, ou como os caminhos eram múltiplos ao menos, contribuindo para pensar a própria modernização como ambivalente. Vamos pensar num dos grandes intérpretes da modernidade, Walter Benjamin. Foi por meio de uma multiplicidade de fontes, pela leitura de um escritor como [Charles] Baudelaire, e também por outras fontes menos tradicionais, que Benjamin produz seu *Paris, capital do século XIX - Exposée* (publicado em seu livro das *Passagens*), que era um pouco o esboço de um caminho para pensar Paris como capital da modernidade. Ou seja, a literatura em associação com outras fontes iluminaria pontos antes obscurecidos e, naquele caso, permitia compreender a cidade de Paris, por meio da análise de determinadas condições materiais, como a verdadeira encarnação do mundo moderno capitalista.

Dito isso, o que me levou a introduzir a literatura no meu trabalho foi inicialmente uma contingência: ter me deparado no mestrado com um corpus documental consistente, a Coluna *Crônica Social*, publicada diariamente pelo poeta modernista Menotti del Picchia, no jornal Correio Paulistano durante toda a década de 20. Obviamente que a crônica tem um estatuto específico dentro da literatura, é até considerada um gênero menor, e oscila entre a ficção e a não ficção, ou seja, é um material bem específico. Mas talvez justamente por isso eu pude me aproximar desse material de modo menos "reverente" e fazer um trabalho sobre a história da cidade naquela década, buscando a partir dessa espécie de diário da cidade (a tal coluna), discutir com a bibliografia já existente e refletir sobre aquela imagem cristalizada de uma década de "pura modernização". Assim, esse material "literário" ajudou a iluminar o provincianismo da cidade, pela quantidade de crônicas sobre os caipiras, por exemplo.

Sabe-se que, na produção da literatura, o autor tem liberdade para discorrer sobre determinado tema de forma parcial, e até mesmo tendenciosa. Na escolha das literaturas utilizadas em suas análises você utiliza alguma metodologia de seleção?

A premissa é que aquilo não é uma "verdade", no sentido de comprovar algo. A literatura é produzida por sujeitos que compartilham valores de uma determinada sociedade, ao mesmo tempo em que, sendo arte, a literatura transcende suas condições históricas, ou seja, também tem uma autonomia. Mas ao plasmar os embates entre o indivíduo e a sociedade, ela dá elementos para pensar determinada sociedade, nas suas diferentes esferas. Por quê? Porque também ela é uma prática social, e a própria matéria artística, portanto, é historicamente formada, ou seja, estabelece nexos com a vida social, e produzindo, como eu coloco no texto que vocês leram, aquilo que Adorno chamou de "a historiografia inconsciente de si mesma e de sua época". Ela nos proporciona a experiência de uma determinada situação histórica. Talvez seja esse o ponto fundamental. A seleção, portanto, que eu posso fazer, é aquilo que me parece poder concorrer para a análise. Ou seja, a escolha recai sobre textos que possam trazer elementos para o que se quer discutir, que permitam compartilhar ou ampliar o entendimento de uma determinada experiência. Não há uma regra inicial colocada. O desafio é mesmo achar estes momentos em que a literatura é potente. Acho que algumas são, outras não. Pode ser que a literatura produzida a partir do século 19, ou desde a criação do romance, seja mais diretamente potente, até porque é uma literatura urbana – mas será que só essa? Não sei, o historiador, o intérprete, é quem vai dizer, é quem vai extrair elementos da literatura. Há uma série de autores que estudaram a forma romance, mostrando como essa forma literária está intrinsecamente ligada ao surgimento do mundo burguês – e como isso nos diz coisas desse mundo para além do "tema", ou seja, pela própria forma (a fragmentação da modernidade na multiplicidade das vozes narrativas, na quebra do encadeamento causal, etc). Eu acho fascinante.

Como você vê a literatura como fonte histórica, sabendo que ela foi – especialmente no Brasil – produzida por uma parcela da sociedade, uma elite intelectual? A literatura é democrática o suficiente para alcançar todas as facetas e problemáticas da sociedade?

Essa questão me faz pensar, e acho que toda a discussão contemporânea sobre o "lugar de fala" tem a ver com essa pergunta de vocês... Mas eu tenho para mim que a gente "alcança" a sociedade de maneira completa sim com a literatura, inclusive se refletimos sobre as ausências. Volto ao exemplo do caipira do Menotti: eu não tomo aquilo para pensar sobre a vida do caipira, mas para pensar como aquele sujeito é parte da sociedade paulista na década de 1920, e mais, como ele faz parte daquela urbanidade, a despeito de ser retratado como algo "em extinção". Vamos pensar no Rio do início do século 20: Lima Barreto e João do Rio são autores que certamente aumentam nossa compreensão do que seja a vida urbana durante a reforma Pereira Passos. As crônicas e os romances de Lima Barreto, o *Alma Encantadora das Ruas* de João do Rio, eu não tenho dúvida de que são uma literatura que sim consegue falar da cidade e de seus habitantes, revelando inclusive os conflitos de classe que se colocavam ali.

Você já considerou ampliar a leitura do texto literário para uma análise que abrangesse também o objeto livro, onde informações como a data de impressão, anos e vezes em que chegou a ser reimpresso, as cidades e editores que o imprimiram, diferenças e distorções entre as edições, a estratégia editorial adotada pelos impressores para lançá-lo, entre outras? Essas questões poderiam indicar outras possibilidades de perspectivas sobre a historiografia urbana?

De algum modo essas preocupações estão expressas no meu mestrado e no doutorado. Não encarei as crônicas apenas em seus conteúdos, mas elas como parte de um jornal porta voz da elite cafeeira, uma parte determinada, uma fração de classe, para falar mais adequadamente, aquela fração que sustentava o PRP no comando da nação e que começa a sofrer oposição de outra fração, que se ligará ao jornal *O Estado de S. Paulo* e se verá como mais progressista, mais intelectualizada. E escritas por um sujeito que se apresentava como poeta modernista, o que ele era, mas que também era o editorialista daquele jornal e também fazendeiro frustrado. Enfim, uma multiplicidade de coisas.

Ao mesmo tempo, quem lia aquelas crônicas? Em uma sociedade pouco alfabetizada, mas que vivia o crescimento dos seus setores médios (e no mestrado eu mostro um pouco os anúncios publicitários e tento tratar do que seria esse setor médio), crônicas mundanas num jornal oligárquico eram lidas por quem? Portanto, acho que as estratégias editoriais e a própria materialidade do suporte devem ser parte da análise. E sobre isso temos uma reflexão já importante, penso aqui no [Roger] Chartier e no [Pierre] Bourdieu, historiador e sociólogo que se ocuparam disso em seus trabalhos e nos ensinam algumas perspectivas de leitura neste sentido (a própria ideia de "sistema literário" de Antonio Candido também indica a importância das três instâncias: produção, circulação, recepção). A mesma coisa quando parto para a análise do livro de Richard Morse. Não me interessa apenas seu conteúdo, mas também como o livro é editado, como circulou, porque tudo isso me ajuda a entendê-lo. Nesse caso, o objeto de análise não era a cidade, mas uma determinada história urbana.

Identifica-se também um interesse crescente por outros suportes documentais como chaves interpretativas da história das cidades. Neste semestre, lemos trabalhos que apresentam documentos do ministério público, mapas, fotografias, revistas... O que tem levado historiadores como você a olhar para estes documentos? O que agregam de diferente?

Essa espécie de retomada de materiais não disciplinares tem a ver com a própria transformação do campo da História. A disciplina se institucionaliza no século 19, buscando definir o que são os documentos oficiais, com [Leopold von] Ranke na Alemanha. A Escola dos Annales amplia o corpus documental do historiador a partir dos documentos involuntários e para além da história política, buscando sair do foco no sujeito único por meio de uma história seriada. Estes historiadores também indicam a potência da cultura material, e não à toa muitos são medievalistas que tomam as cidades (o próprio artefato construído, a forma urbana) como documento e material de análise (o que os leva a construir o monumental *Histoire de la France Urbaine*). Já na segunda metade do século 20, a coleção *Faire l'Histoire* sintetiza a necessidade de pensar a história a partir de novas fontes, novos métodos, e novos objetos, uma vez mais, o que chamamos de Nova História. De certo modo, é no bojo dessa renovação historiográfica que, desde fins dos anos 1970 e aqui no Brasil na década de 1980 e 1990, os historiadores e os historiadores urbanos vêm buscando reincorporar novos materiais em suas análises. Mas eu digo "reincorporar" porque, se pensarmos no surgimento dessa história urbana, podemos elencar trabalhos que lidaram com documentos os mais diversos, o que tem a ver, como venho insistindo, com a própria diversidade/complexidade de seu objeto final: a cidade.

Você acha que o urbanismo, enquanto disciplina, não dá mais conta de interpretar este complexo 'artefato' que é a cidade e por isso os historiadores e urbanistas têm migrado para outros suportes e abordagens?

O urbanismo, enquanto ciência de intervenção, teve sempre que se haver com outras disciplinas, surge ele mesmo de uma multiplicidade de olhares. Na história das cidades, também parece ser necessário essa abertura. Fica difícil imaginar dar conta desse objeto complexo por meio de um olhar disciplinar único. Tanto que também é difícil pensar numa teoria da cidade. Acho que retomar diferentes fontes e abordagens é uma necessidade do próprio campo disciplinar, reconhecendo a insuficiência. Ou seja, no seu caminho de autonomização foi necessário deixar de lado algumas coisas para avançar e não fragilizar as leituras, mas agora parece ser necessário recuperar essa abertura, reconhecendo que ela enriquece o olhar.

Em seu artigo *Figurações da cidade* você evidencia que a realidade das cidades deve ser entendida como um "campo de conflitos e de significações", afirmando que "[...] sendo as cidades uma realidade com múltiplas dimensões, elas escapam às definições unívocas, não podendo ser compreendidas apenas pela sua dimensão morfológica [...]" (pág. 12). Assumindo-se que a realidade contemporânea se mostra fragmentada, complexa e multifacetada, quais caminhos você sugere para se estudar as questões urbanas e construir um pensamento a respeito da cidade atual?

Como eu dizia, o pensamento sobre a cidade, seja no campo da história, seja no campo da intervenção, é necessariamente múltiplo. Nesse sentido, também para pensar a cidade hoje, um olhar para as manifestações culturais parece ser indispensável, e muito porque nelas as "outras vozes" têm aparecido de modo muito forte.

Como abordado por Morse, que indica que o estudo da cidade deveria ser "a maneira como o homem e o meio interagem", você acha que o uso de dados mais sensíveis ou aqueles de uma experiência pessoal podem mudar a trajetória e o efeito do planejamento urbano?

O planejamento viveu essa dúvida nos anos 1960 em diante. Vamos lembrar do livro de John Turner: *Todo poder ao usuário*, que é de 1976, e pode ser tomado como expressão síntese desse ponto. Tem a ver, como vocês sabem, com a própria crise do Movimento Moderno, com a impossibilidade da ideia universal e com a descrença no planejamento urbano. Isso levou ao abandono das grandes soluções e à defesa das intervenções pontuais, fragmentárias, e que também se mostrariam insuficientes logo em seguida. Sendo assim, acho que hoje o desafio é conseguir mesclar estes dois pressupostos, esses dois pontos de vista: sem abandonar a ideia de um plano urbano, buscar incorporar a dimensão humana e na medida do possível, as suas particularidades. É um desafio e tanto, e cabe a nossa geração enfrentá-lo, seja na crítica seja na prática profissional.

Em seu artigo, você afirma que a análise literária utiliza a realidade social histórica para formular suas obras. Contudo, nós, como arquitetos, também nos preocupamos e estudamos os hábitos e a história das pessoas para desenvolver um projeto. Você diria que a intenção da literatura, quanto à parte da análise literária, é semelhante ao processo de projeto do arquiteto?

Ainda que ambos lidem com o mundo social e tomem dele a sua matéria, obviamente, o compromisso com o social não é o mesmo. Ou talvez a literatura expresse seu compromisso de maneira distinta. Ela é uma experiência, por definição privada, ela pode contribuir para uma percepção crítica do mundo e isso incidirá no sujeito. Mas a arquitetura lida com o conjunto da sociedade, com um grupo ao menos, e incide de maneira muito mais direta. Portanto, seus desafios e também suas responsabilidades são maiores, ou pelo menos, diferentes. Com isso, não sei se é possível falar em processo de análise semelhante. Acho que não. O que é semelhante é o mundo social vivido por ambos. Mas acho que o arquiteto também ganha com a literatura. Essa experiência também o informa.

A cidade de São Paulo é um objeto de estudo bastante presente em suas pesquisas e, recentemente, você expandiu a sua abordagem para outras cidades latino-americanas (Lima e Bogotá). Gostaríamos que você comentasse sobre essa sua experiência no estudo das cidades latino- americanas, e se elas apresentam relações comuns no processo de modernização/urbanização, que permitam que seja criada essa identidade latino-americana.

Esse é justamente o desafio da pesquisa. Parti das considerações de Adrián Gorelik, que afirma ser a cidade latino-americana uma figura do pensamento social entre as décadas de 1950 e 1970 e da leitura de Angel Rama sobre o surgimento de uma literatura "encravada no mundo urbano", como ele diz, na América Latina no II pós-Guerra. Busco com a pesquisa, a partir do cruzamento dos discursos literário (por meio de contos e romances) e disciplinar (dos urbanistas e arquitetos em revistas especializadas nas três cidades), compreender *como* a ideia de cidade latino-americana se forma, *se* ela se forma. Parto ainda da hipótese de que, enquanto para os arquitetos a modernização, a urbanização, o desenvolvimento eram tomados exclusivamente em chave positiva naqueles anos, por meio da literatura, parece ser possível notar como as fissuras já estavam evidentes, justamente pelo fato dela não ter um compromisso com essa construção, pela sua autonomia inerente. Assim, o que eu gostaria de enfrentar na pesquisa é a compreensão do que seja essa cidade latino-americana, buscando por meio destas três cidades, perceber as coincidências, mas também os contrastes, ou seja, as constantes e as peculiaridades. Não num esforço de comparação, mas, talvez, num esforço de iluminação recíproca.

Obrigado, Ana!

"Desde a década de 1960 que a gente vem tentando olhar para uma arquitetura menor, para a cidade, olhar para o patrimônio ambiental urbano. Mas, a gente não consegue expandir, porque há um discurso tradicionalista do que é o grande autor, a grande obra."

flávia brito
do nascimento

Entrevista realizada por
Daniela Moraes

Ao comentar a obra *Brazil Builds*, você destaca que haveria uma ênfase na estética, em detrimento das inovações tecnológicas. Levando isso em conta, quais seriam os motivos que levaram a historiografia da arquitetura moderna a renegar o tema da técnica, imprescindível para a construção até mesmo das obras canônicas e, portanto, para a consolidação do discurso ideológico pregado pelo Estado de Vargas? Que impacto isso acaba por gerar na produção habitacional do Brasil, ainda hoje?

Eu acho que a questão da técnica é complexa mesmo, porque ela é essencialmente artesanal. Trata-se de uma produção arquitetônica que tem dificuldade de se industrializar, por razão das relações de trabalho. A técnica continua sendo artesanal, do concreto, do tijolo, um em cima do outro. Quando nos anos 1940 tentaram fazer uma produção mais industrializada, esses ensaios não conseguiram achar espaço. Só nos textos mais recentes, depois da década de 1960 e 1970 com o Sérgio Ferro, é que os autores vão atacar esse problema, [destacando] que há uma exploração do trabalho no Brasil e que a técnica, sendo do jeito que ela é, favorece quem tem os meios de produção. O dono do capital de quem vai construir aquela casa, seja a iniciativa privada, seja o Estado, se favorece de uma exploração da mão de obra extremamente artesanal, porque isso barateia a construção. Você tem um operário mal pago que faz um trabalho explorado, mas, de alguma forma, barateia os custos da produção. A industrialização brasileira nunca foi de interesse pleno do Estado, porque levaria a uma modernização e a uma equidade de meios da produção dessa habitação. O tema da industrialização é complexo de abordar, porque encontra eco na própria estrutura brasileira, na estrutura dos meios de produção. Brasília [por exemplo] já se utiliza de estruturas de ferro, mas tem outras que são super artesanais, como as cúpulas do Congresso. São vigas de concreto comum, viradas por uma mão de obra muito explorada. Então, a industrialização encontra problemas no sistema produtivo brasileiro e o Estado não se separa da iniciativa privada. São os empresários que, desde o regime militar, estão se valendo dessa industrialização precária. Quando a gente vê as produções contemporâneas, como o Minha Casa, Minha Vida (MCMV), isso fica evidente. Casinhas em série longe da cidade, num terreno que é geralmente super barato, o pior terreno. Casas unifamiliares construídas tradicionalmente, sem o enfrentamento da industrialização. O que me parece é que a maneira como se ensina concreto, nos cursos de arquitetura, é uma maneira mais tradicional, calculando um concreto armado antigo. Não é um raciocínio estrutural, não se enfrenta a industrialização.

A gente vê os programas de habitação contemporânea e é uma frustração enorme, porque eles nem se voltam para o ponto de vista da estética. Eles não dão conta de conter uma demanda contemporânea nem do ponto de vista construtivo. Porque quem é especialista em habitação contemporânea esta envolvido numa discussão sobre como construir em grande escala. Existe solução, tecnologia para construir, mas por que o Estado não consegue investir? O Lelé [João Filgueiras Lima] tem a empresa de pré fabricado. Por que essa empresa não poderia construir para um programa como o MCMV? Porque não interessa. O que interessa são essas pequenas produtoras locais que vão fazer uma construção individualizada e com bastante lucro, que continuam produzindo de forma tradicional.

Eu estava vendo esses dias um aluno do México no Brasil. Ele estuda programas de habitação contemporânea no México, que produzem casinhas individuais. Mas essas casinhas, de alguma forma, saem do tradicional. Ao contrário, o MCMV não é isso. O forte não é a inovação tecnológica. O Zezinho Magalhães é um dos poucos exemplos de habitação que traz uma possibilidade tecnológica diferente. Quando as inovações aparecem, são de maneira tímida, como no Realengo, que utiliza aquela máquina de fazer blocos de concreto.

Em sua tese, fica claro que alguns autores da historiografia do modernismo brasileiro têm opiniões divergentes sobre a maneira como a habitação de interesse social foi tratada no movimento. O que não diverge significativamente é o fato de que o foco do estudo da habitação desse período recai continuamente sobre o projeto do Pedregulho. Na sua opinião, quais seriam os motivos para os projetos de habitação produzidos pelo IAPI terem sido apresentados e estudados de maneira tão secundária em relação à produção de [Affonso Eduardo] Reidy? Você acredita que existam questões políticas ou ideológicas envolvidas nessa situação?

A conclusão que eu chego no artigo é que, nas primeiras publicações, eles aparecem. Depois, eles vão sumindo, justamente pelo papel da crítica da arquitetura posterior. Acredito que a crítica da arquitetura dos anos 60 e 70 tenha dito que outras coisas eram mais importantes. Então, ela vai colocando mais luz em certas coisas e deixando de lado outras. Toda essa crítica em relação ao excesso de estética da obra do Niemeyer, o que acontece em Brasília, coloca um foco tão grande nisso que acaba esquecendo o resto. Nossa história da produção da arquitetura é muito pobre e [é produzida] ainda de uma maneira muito tradicional. O Nabil [Bonduki] levou 20 anos para fazer isso e ele mesmo não estava focado, inicialmente, nesse tema. A questão dele, no livro *Origens da Habitação Social no Brasil*, não era a dos conjuntos dos IAPIS. Ele estava interessado em estudar a autoconstrução na periferia de São Paulo, que é apresentada no capítulo 5 daquele livro. Mas quando se deparou com todos aqueles conjuntos, ele foi muito sagaz, viu nisso um tema e falou: "Eu vou investir em estudar esse tema, que é muito bom". Era um tema que estava aí para ser estudado.

Tem outras coisas importantes. A crítica, de alguma forma, acabou dando valor ao que aconteceu em Brasília. O próprio livro [*Arquitetura Contemporânea no Brasil*] do francês [Yves] Bruand, vai reforçar essa ideia de que "a arquitetura brasileira não olhou para a questão social. Isso não foi importante". Ele argumenta que o Estado não investiu [em programas sociais]. Ele dá essa martelada final e nem menciona os IAPIS.

Outra questão diz respeito a estes textos que vão colocar uma ênfase muito grande numa certa estética da arquitetura brasileira, como se a arquitetura brasileira fosse mais superficial, muito preocupada com as formas, muito preocupada com os volumes, com o espetáculo construtivo, dos pilares em "v", curvas e etc. Como se isso fosse o valor da arquitetura brasileira. Isso é um problema.

O outro problema é que a nossa historiografia é muito fraca em história da arquitetura. Em história da cidade não. Quando olhamos para as abordagens e para os textos, eles são muito tradicionais, sempre sobre os mesmos objetos e sempre com a mesma forma de olhar, não há nada novo. Alguns têm coisas novas, mas a gente tem que "catar de lupa" para achar o que é novo. Então, as pessoas não se debruçaram sobre outros objetos, o que dificulta colocar novos desafios.

Eu estudei um pouco da arquitetura moderna mexicana, que é bem diferente, porque os conjuntos têm um protagonismo na historiografia deles. Eles são super importantes desde o começo e têm um entendimento mais claro do arquiteto moderno como atuante [nesse processo]. A função social do arquiteto moderno está ligada às questões mais revolucionárias. Desde o começo, eles vão assumindo esse papel importante de dizer que é relevante produzir habitação social e que o arquiteto tem essa função. O que tem mais a ver com o pensamento do movimento moderno na Europa, de que o arquiteto moderno iria transformar a sociedade. No caso brasileiro, isso vai sumindo, porque os próprios arquitetos não vão assumindo esse papel tão claramente, o da sua função social.

Um exemplo oposto disso é a Carmem Portinho, que nem arquiteta é e que diz que os conjuntos são importantes. Ela não está preocupada com a forma, que para ela também é importante, mas está preocupada com o objeto social, com a produção da habitação social dos trabalhadores. O [Affonso Eduardo] Reidy, é claro, está evidentemente preocupado, mas como campo profissional não está claro. Tanto que, se vocês lerem o texto da Nilce Aravecchia Botas, ela vai mostrando que os IAPIS foram projetados por engenheiros. Os engenheiros vão construir uma arquitetura mais tradicional, porque são eles que vão ocupar esse espaço. Se fosse olhar para a produção grossa dos IAPIS, ela não foi feita por grandes autores. Eu não estou desmerecendo essas produções. Eu estou dizendo que a produção historiográfica também vai negar isso de alguma forma.

Um outro porém nessa história é que, quando vem o regime autoritário a partir dos anos 60, a produção do Banco Nacional da Habitação – (BNH) fica órfão de autor. E ninguém quer pesquisar ou dizer que se está envolvido com o tema que é super criticado. Os blocos do BNH são considerados o que têm de pior, porque foram feitos pelo regime autoritário. Então, tem uma contradição complexa. Eles não foram estudados, porque eles estão nessa nuvem do regime militar, mas eles são uma continuidade desse projeto de habitação do IAPIS. Piorado arquitetonicamente, me parece, mas eles não são uma mudança radical. Deveríamos estudar mais esses conjuntos.

Em cima disso, tem ainda essa narrativa oficial da arquitetura brasileira. Ela vai fazer um corte nos anos 60 e dizer que a chamada "Escola Paulista", formada pelo Artigas e pelos [arquitetos] radicais, os comunistas, vai assumir esta postura da função social, embora o que eles façam de habitação social é praticamente zero. O que se salva é o Zezinho Magalhães.

Hoje, apesar do incentivo e subsídio do governo para a produção de habitação, como no MCMV, não se nota as inovações técnicas que foram fundamentais para a implementação de uma política habitacional no período do governo Vargas. Como é possível resgatar o caráter inovador e impulsionar novas técnicas construtivas para a arquitetura social brasileira?

Só é possível resgatar se o Estado assumir esse papel na produção de habitação e que ele assuma os custos de barateamento dos meios de industrialização. Se for para deixar na mão do mercado imobiliário, ele vai fazer aquilo que é tradicional, o que é mais conhecido.

Há também na sua trajetória uma associação à preservação e à memória da arquitetura moderna. Nesse sentido, qual o lugar que tem sido reservado aos moradores dos conjuntos no processo de patrimonialização dos bens? Você indicaria alguma experiência?

A participação é muito pequena, mas eles se veem como protagonistas no período histórico, com um reconhecimento sobre o papel que o Estado teve na constituição dessas moradias nos anos 40 e 50. No entanto, elas quase não têm sido chamadas a isso. Uma das minhas hipóteses no meu livro *Bloco de Memórias* é que a historiografia não legitimou como patrimônio possível, e ao não legitimar como patrimônio possível isso não levou a ações de reconhecimento oficiais. O próprio Pedregulho está desde de 1990 para ser tombado pelo Instituto do Patrimônio Histórico e Artístico e Nacional - IPHAN. O próprio IPHAN não quer assumir esse lugar de proteger uma obra como o Pedregulho. O Pedregulho é um monumento por si só desse período, e mesmo ele não consegue ser tombado. Os outros, então, nem tem chance, porque como o órgão de preservação vai dizer que a pessoa não pode mudar a sua esquadria, por exemplo, sendo que é isto o que eles fazem em qualquer centro histórico. Então, me parece que essa é uma falsa questão.

Agora, como em geral nas políticas de preservação, as pessoas não têm sido chamadas para participar nem do processo de patrimonialização. Os moradores têm um reconhecimento, um saber, mas também têm medo do tombamento, da proteção legal. Eles acham que o conjunto habitacional em que moram é um patrimônio, mas não querem necessariamente que ele seja tombado. Tem um crítica também, dentro dos próprios moradores de que a obra foi mal feita. Outros conjuntos que já conseguiram preservação foram os conjuntos do sul, o IAP de Paço de Areia, que entrou no plano diretor; o IAPI da Lagoinha, em Belo Horizonte também entrou no Plano Diretor, tudo em nível municipal. Agora, a Prefeitura de São Paulo está estudando dois dos conjuntos que é o MOCA e o Santa Cruz. Eles ainda estão em fase estudo e sem considerar as pessoas, porque é assim que esses estudos são feitos; a partir do critério da arquitetura.

Você considera que a historiografia canônica, ao trazer consigo uma visão histórica seletiva e omitindo projetos arquitetônicos, possa trazer algum tipo de prejuízo em relação ao patrimônio arquitetônico?

Pode e já está trazendo. É uma resposta difícil. Ela pode trazer sim, porque as políticas de preservação no Brasil estão muito atreladas àquilo que é a produção historiográfica. É uma visão muito tradicional, onde só existem valores estéticos, por exemplo. Os valores simbólicos, afetivos, de memória e tantos outros encontram muita dificuldade de achar um lugar no debate. Isso se liga a uma das minhas respostas lá no começo. Como essa arquitetura não expandiu seus horizontes, não olha para outras coisas, ela é ainda muito tradicional. É claro que tem muitas exceções maravilhosas. Mas, de modo geral, nossa produção de história da arquitetura está muito estruturada em torno desses autores [canônicos]. Como o patrimônio é colado nessa produção historiográfica, ele tende a ser muito mais tradicional, conservador do que ele poderia ser se a gente pensar sobre a produção do patrimônio no mundo.

Também tem muitas exceções a isso, tem gente tentando olhar para essas coisas, como, por exemplo, o conjunto dos IAPS. Porque elas não estão na historiografia, eles não são protegidos legalmente e, então, eles encontram dificuldade de achar argumentos. Mas o patrimônio é um "braço operativo" na historiografia, ou seja: ele prova aquilo que a historiografia está escrevendo.

A autora Laura Smith fala que existe um discurso autorizado do patrimônio e esse discurso é o que os especialistas podem falar. Existe um campo disciplinar dos especialistas, que de alguma forma estruturam o que é o patrimônio no mundo. E esse discurso autorizado brasileiro está todo ancorado em quem está nos órgãos de preservação. Então, é muito difícil considerar outras coisas, como habitação social, sendo que o campo do patrimônio já se expandiu há muitos anos. Desde a década de 1960 que a gente vem tentando olhar para uma arquitetura menor, para a cidade, olhar para o patrimônio ambiental urbano. Mas, a gente não consegue expandir, porque há um discurso tradicionalista do que é o grande autor, a grande obra. Ele ainda está como resquício de uma forma de pensar e escrever a história da arquitetura. É uma dificuldade dar aula da história da arquitetura sem falar de autor. Isso é uma frustração para quem está fazendo arquitetura. Então, eu acho que o patrimônio está muito envolvido nisso. E a habitação social é muito prejudicada por estas abordagens. Nem o Pedregulho que é do Reidy – que é um arquiteto celebrado em todas as instâncias, por todas as tribos da arquitetura, pelos cariocas, pelos paulistas, pelos sociais, pelos formais, ele é uma figura que junta todas essas expectativas do que seria uma arquitetura brasileira – consegue ser reconhecido.

Eu fiz uma série de entrevistas com os moradores de conjuntos aqui em São Paulo, todos vão dizer "É patrimônio". "Por que é patrimônio?". "Porque conta uma história do Brasil, que foi construída na era Vargas." "Porque a gente trabalhava desse jeito na indústria." Eles sabem dizer direitinho os motivos que qualificam aqueles conjuntos como patrimônio. Eles se entendem como protagonistas da história e entendem que aquela arquitetura tem uma importância. Eles não sabem quem construiu, quem é Paulo Antunes, não sabem nenhum autor. Eles não precisam disso, porque não é importante.

Enquanto a gente não encontrar outras formas [de incorporar essas outras narrativas], temos que tombar mesmo, porque é o instrumento que a gente tem. O que o tombamento faz? Ele tem uma posição muito ambígua. Ele é criticado por todo mundo, mas, ao mesmo tempo, ele é exaltado por poucos. Enquanto isso, o resto da cidade vai se destruindo, porque não se enfrenta uma legislação urbana que de conta de pensar essa arquitetura comum. De resto, tudo vai sendo destruído ou modificado. Enfim, é muito complexa a resposta, mas eu acho que há uma coincidência na escrita da arquitetura, que é tradicional e que reforça os grande autores. Eu falo disso nos dois primeiros capítulos do meu livro *Bloco de Memórias*.

Que outros aspectos têm sido importantes nos processos de tombamento da arquitetura moderna? O tema do morar moderno, citado por você como "algo tão caro aos modernos" é considerado como um desses aspectos?

Nós temos uma dificuldade imensa de atribuir valor fora dos parâmetros da arquitetura, pois estamos muito privados pela crítica da arquitetura. Mas existem muitos outros valores. A questão tecnológica é um valor de conhecimento científico. Você saber como aquilo foi construído poderia ser um valor. Ou as formas de morar também poderiam ser um valor de testemunho. Como se morou, ou projetou naquela época e como que é viver. Quando você vai nesses apartamentos do IAPS e as pessoas reconhecem que o modo como elas moram é elogiado, elas ficam muito felizes. Isso fica muito evidente. Existe todo um reconhecimento na forma de morar, não só no espaço do apartamento, mas de uma forma de morar coletiva. Era uma novidade no Brasil. As pessoas não moravam em apartamento. Então, seria, sem dúvida, uma possibilidade de valoração, sem se importar se trocou a janela, pintou a fachada.

Mas o arquiteto tem uma dificuldade enorme de mudar o olhar. Tem tendência em ver degradação onde, na verdade, não existe. As coisas estão usadas, foram transformadas. Mas certos valores continuam lá, a exemplo do conjunto de Realengo e seus blocos de concreto. Existe, sem dúvida, uma dificuldade enorme de superar esses critérios estéticos. Que acho que é uma dificuldade da nossa profissão como arquiteto. A crítica da arquitetura não pode ser, em hipótese nenhuma, uma forma única de atribuição de valor. A atribuição de valor deve ser algo maior.

Quem fala muito bem disso no Brasil é o Ulpiano Bezerra de Menezes. Ele fala que não é apenas um valor, mas que devem ser vários. O estético é um deles. Como superamos isso? É no trabalho cotidiano, com os órgãos ou entre a gente mesmo. Os conjuntos habitacionais tencionam a nossa visão, porque eles estão transformados, são ocupados pela população trabalhadora e eles têm uma série de coisas que desafiam esse entendimento simplificado do que é uma grande obra. Deveríamos olhar para estes muitos valores e não só o estético.

Obrigada, Flávia!

"O que precisaríamos entender é qual seria o papel da implantação de uma política habitacional hoje, avaliando em função daquele momento e pensando que se tratava de forjar uma construção nacional contraposta aos interesses oligárquicos regionais."

nilce aravecchia-botas

Entrevista realizada por
Henrique Monteiro e Laísa Cordeiro

Você vê a pesquisa histórica como um instrumento importante na organização de sentidos para a análise da conjuntura atual da política urbana no país?

Sim. Ela [a pesquisa histórica] traz vários elementos para pensar a atualidade. Temos que olhar com o cuidado de encontrar o lugar histórico de cada objeto de pesquisa que a gente circunscreve. Na minha pesquisa, especificamente, a análise do ponto de vista da história coloca sinalizações para tentarmos escapar de algumas armadilhas de quando pensamos na cidade e no desenvolvimento das políticas públicas de habitação. Nessa análise histórica, eu fui entendendo que não podia olhar para o objeto histórico a partir da ideia do que eu desejo para o futuro, mas que eu tinha que circunscrevê-lo, de fato, no âmbito do próprio processo histórico.

Se a gente quiser também aprender com a história e com a teoria, o [Friedrich] Engels já iluminou as contradições dessa questão das políticas habitacionais, no âmbito da própria economia capitalista, e como que, sobretudo quando a casa é pensada numa chave de produção privada, como um produto da própria economia capitalista, as políticas habitacionais, ao invés de direcionarem rumo à universalização, fazem exatamente o contrário. Porque elas encarecem o preço da terra e porque elas acabam tornando cada vez mais difícil o acesso do ponto de vista de um produto capitalista.

Foi muito importante para mim essa análise histórica, para entender o momento da implantação dos conjuntos habitacionais durante o período Vargas, no contexto da implantação do sistema capitalista no Brasil. E, ainda, de como o papel desses conjuntos teve uma importância na construção desse sistema do ponto de vista da sua relação com a própria construção e necessidade de um Estado Nacional – inclusive do ponto de vista simbólico – fortalecido, para que pudesse operar no território da cidade e nas dinâmicas do processo de industrialização que se pretendia construir.

Esses conjuntos habitacionais foram utilizados e pensados diante do que eram os limites da produção habitacional, das possibilidades inscritas no processo capitalista periférico – como era o caso brasileiro. Os agentes que estiveram envolvidos trouxeram esses conjuntos como elementos estratégicos nesse processo.

Desse ponto de vista, não dá para pegarmos aquela política habitacional e trazer para o período contemporâneo. O que precisaríamos entender é qual seria o papel da implantação de uma política habitacional hoje, avaliando em função daquele momento e pensando que se tratava de forjar uma construção nacional contraposta aos interesses oligárquicos regionais. Isso, em certa medida, se consolidou e desenhou o modelo de desenvolvimento econômico e industrial brasileiro, que durou mais de 50 anos. De fato, [a política habitacional] teve um papel [importante] que foi incorporado nas próximas políticas habitacionais de cunho mais universalizante. Teve a função de consolidar esse modelo urbano--industrial de um Estado que se propunha industrializado e que colocou o próprio Estado como a locomotiva desse processo de industrialização e de implantação do sistema capitalista no Brasil e que hoje sofre uma reviravolta completa.

Em seu texto *A Cidade Industrial Brasileira e a Política Habitacional na Era Vargas (1930-1954)*, os conjuntos habitacionais da época são descritos como projetos que inovavam por suas formas arquitetônicas modernas e pelo caráter exemplar de intervenção. Hoje, o Minha Casa, Minha Vida – MCMV – configura-se como um modelo de habitação com tipologia única, longe dos centros urbanos, sem infraestrutura e serviços públicos adequados. De que maneira esse projeto deficiente reflete a situação socioeconômica e política atual do Brasil?

Uma pergunta bem complexa. Vamos ver se consigo elaborar uma resposta a contento. Esses conjuntos [da Era Vargas] abriram frentes de urbanização, levando junto com eles uma ideia de cidade. Os conjuntos produzidos hoje respondem à situação econômica que é ditada pelo modelo neoliberal. A própria política habitacional responde de uma forma muito imediata ao que é o processo chamado de financeirização da economia.

Por outro lado, acho importante a gente também construir a autocrítica no próprio campo. Naquele momento, tinha-se uma ideia muito mais orgânica de produção de cidade, no âmbito do próprio campo disciplinar. [Temos] a ideia de que aquele conjunto de técnicos tinham uma dimensão política da sua ação muito consciente. Uma consciência significativa da ideia de que a produção material estava diretamente vinculada com uma ideia de cidade que se queria implantar. Hoje, a ideia de cidade se desenvolve descolada de um raciocínio sobre a produção material dessas ideias. Isso também auxilia e advém muito da questão da especialização do conhecimento, no sentido de que a própria arquitetura acabou sofrendo uma cisão significativa, muito em função das vicissitudes políticas do próprio quadro e contexto histórico brasileiro, que cinde aqueles que pensam a cidade, daqueles que fazem arquitetura e daqueles que produzem arquitetura. É tudo muito especializado. Essas divisões colaboram para a falta de capacidade que essas ideias sobre cidade têm de enfrentar o que os economistas neoliberais pensam sobre o território da cidade. Porque eles constroem esse pensamento, obviamente, muito em função de um setor específico da economia, mas considerando variáveis que estão presentes no processo. No campo disciplinar da arquitetura, deixamos de considerar a variável econômica do ponto de vista da economia capitalista e de como podemos pensar uma minimização dos impactos dessa economia no território para a vida das pessoas. Trabalhamos sempre com o horizonte ideal de cidade, sem considerar a realidade de todos os atores que estão envolvidos. Fazemos muito a leitura da realidade precária da população – e é óbvio que não se tem que abandonar essa dimensão –, mas deixamos de analisar a realidade pragmática daqueles que disputam a cidade como meio de rentabilidade, e, muitas vezes, é exatamente onde perdemos espaço para essa visão.

Em seu ensaio intitulado *O Ornitorrinco*, Francisco de Oliveira critica as determinações tomadas pela classe dominante que acabam estimulando o subdesenvolvimento, com o objetivo de alavancar o progresso. A falta de representação de classe dos trabalhadores tem como consequência a omissão das determinações, fato que produz

a "inconsciência" ou "irracionalidade social". Tendo isso em vista, você expõe, de maneira indireta, que as ações de Vargas no âmbito habitacional foram, na verdade, contribuintes para o sistema regido pelas classes dominantes. Levando em conta as críticas propostas pelo Francisco de Oliveira, quais seriam as vantagens do programa habitacional de Vargas, uma vez que as suas políticas seriam, de acordo com o raciocínio de Oliveira, contribuintes para a alienação do trabalhador?

Eu corroboro com esse pensamento, mas coloco alguns elementos que o tornam ainda mais complexo do que ele já é. Me interessa olhar para aquele momento histórico, em consideração do momento anterior. Desse ponto de vista, [a política habitacional da Era Vargas] tem uma dimensão alienante, mas também tem uma dimensão de proposta de emancipação, que não se dá para toda a população brasileira. Todas as críticas que são inerentes ao próprio processo varguista fazem sentido, como a de que setores rurais não foram incorporados na CLT e toda essa discussão que sabemos que estava diretamente relacionada ao próprio sistema previdenciário dividido por categorias profissionais. Mas muita gente foi incorporada nesse sistema. E esse processo de urbanização, com a incorporação dessas pessoas, significou um avanço do ponto de vista social para a nação brasileira, se comparado ao período anterior.

Nessa discussão entre o que é avanço e o que é retrocesso, é importante analisar essa experiência, para não cair na armadilha de dizer que ela foi só alienante ou só retrocesso. Assim, perde-se de vista o que ela representou de salto. Muitas vezes, tratamos isso como garantias e, de novo, a situação atual está mostrando que nada é garantido. Muitas conquistas foram construídas nesse momento, em função de uma relação muito contraditória, muito ambígua, das elites políticas, das elites empresariais, com os trabalhadores, com uma classe de trabalhadores urbanos que não existia enquanto tal da maneira como a gente entende hoje. De fato tem alguns momentos em que a elite se dispõe a fazer esses pactos, obviamente em benefício próprio, mas que significam também ganhos para a classe trabalhadora.

Se não fizermos essa avaliação ao longo do processo histórico, caímos na armadilha de "jogar a criança junto com a água do banho". Esses momentos de crise são muitas vezes interpretados como momentos fundamentais de salto, o que de fato pode acontecer. Por outro lado, a gente tem um risco significativo de voltar ao século 19, para as formas de exploração de trabalho anteriores a este momento que chamamos de alienado. Então, tem uma dimensão alienante e também uma dimensão menor, mas emancipatória que temos que considerar.

É possível que o Estado, dentro de uma lógica capitalista, consiga produzir habitação de interesse social em que o objetivo principal seja o bem estar social e não determinados objetivos econômicos?
Não. E o Engels já respondeu isso lá no século 19. Não é possível. Por isso, nós temos que pensar essas relações de maneira mais orgânica, para tentar fazer com que o nosso trabalho atue na chave da engenharia reversa, o que me parece que foi um pouco o que esses arquitetos e esses engenheiros fizeram naquele momento. Eles encontraram, naquela janela histórica de oportunidade, o que era possível fazer se valendo do sistema. Temos muita dificuldade de pensar isso hoje. Construímos muita crítica ao sistema e deixamos de entendê-lo em suas contradições para tentar operar exatamente nessas contradições.

Em relação ao MCMV, por exemplo, é fundamental a gente entender que, com todas as contradições, esse programa concretizou o pleno emprego, o que foi inédita para o Brasil e durou por um período significativo. Se a gente não pensar nessa relação, não conseguimos trabalhar na engenharia reversa. Ficamos só na chave de que produz coisas sem qualidade urbanística, que produz a unidade massificada.

Essa ideia da unidade massificada, na minha opinião, é uma armadilha gigantesca, porque a casa assinada por um arquiteto se valoriza como produto capitalista mais do que a casa carimbada pela [Construtora] MRV. Isso é facilmente constatável quando você vai à [favela de] Heliópolis e entende aquela situação urbana na perversidade causada pela implantação de conjuntos habitacionais assinados por arquitetos, diante de uma mar de precariedade no qual eles estão inseridos. Se não fizermos essa avaliação crítica em relação à própria profissão, não conseguimos também avançar nessa ideia de operar na chave da engenharia reversa. Muito pelo contrário. A crítica que fazemos empurra a lógica do próprio sistema.

Você acha que é possível uma lógica de mercado onde setores de investimento driblem agentes e trabalhem a favor do direito à moradia, mesmo que estejam visando seu próprio lucro em última instância? Acredita que esse cenário hipotético também é possível de se atingir por meio de ações governamentais nos dias atuais?

Temos que imaginar o que são os padrões de desenvolvimento capitalista em cada localidade na qual ele se desenvolve. Desse ponto de vista, a produção de cidade, o investimento na construção civil, é um escape que acontece num país que não tem um desenvolvimento industrial baseado significativamente em avanço tecnológico. Mal comparando, seria pensarmos, por exemplo, a diferença entre a França e a Inglaterra, na passagem do século 19 para o século 20. O que é a operação do Barão de Haussmann em Paris, por exemplo? É um meio de canalizar investimentos para a reprodução capitalista num lugar que não tem o desenvolvimento industrial do mesmo jeito que tem na Inglaterra, onde você libera as tecnologias e o desenvolvimento tecnológico na sua relação direta com a elasticidade de mão de obra. Ou seja, aquele processo clássico de revolução industrial aconteceu naquele lugar, naquele dado momento histórico e construiu ali um modelo de desenvolvimento capitalista que se expandiu para o globo, de uma maneira geral, só que criando outros padrões de desenvolvimento nessa mesma lógica. Então, na França, aquelas operações urbanas são um meio para canalizar e fazer reprodução de capital onde ele não acontece. De uma maneira muito mal comparada, o que ocorre aqui no Brasil é a mesma situação. Esse dinheiro é canalizado para essa reprodução, porque, em outros setores da economia, você não tem as mesmas garantias de reprodução do capital que você encontra ali.

Qual a diferença na produção habitacional na era Vargas, na qual o Estado detinha o poder da terra, e no mandato de Lula, no qual esse controle é detido pelo mercado imobiliário? Quais seriam as consequências da liberação do poder do território urbano para o mercado imobiliário, uma vez que você destaca que "as formas de ocupação do território incluem a dinâmica do mercado de trabalho"?

Essa é uma diferença fundamental. Ela está vinculada sobre a lógica mais orgânica entre a ideia que você tem de cidade e pensar como você vai realizar essa ideia de cidade, do ponto de vista produtivo, que relaciona as questões materiais dessa produção.

Aquele pensamento gerou um arcabouço administrativo no âmbito do Estado, que cria uma ideia de cidade e que a leva para essas franjas, criando essas valorizações nos interstícios, valorizando [também] terra privada que fica entre a cidade consolidada e essa expansão que se dá ao longo do território. Mas isso se faz levando alguma ideia de cidade, que está muito vinculada a essa compreensão de que você leva a infraestrutura junto. A infraestrutura demorava a chegar, mas você tinha uma ideia de levar a infraestrutura, escola, creche, etc.

O MCMV opera numa lógica muito parecida do ponto de vista dos economistas. A [presidenta] Dilma [Rousseff] disse, por exemplo – na entrevista para o Luiz Nassif –, que é mais barato para o Estado criar um emprego urbano, do que fazer reforma agrária. Porque você tem uma lógica legislativa que protege o proprietário de terra, mesmo que essa terra seja improdutiva. No raciocínio dela, com essa política habitacional, está se tentando minimizar a lógica de distribuição de terra no Brasil.

Como é que a gente fez esse diálogo, com os que pensaram essa política habitacional? A gente fez a crítica muito na chave do "não tem infraestrutura urbana", do "é precário", do que "produz cidade só na lógica do mercado". A Dilma, ao contrário, estava operando na engenharia reversa. Porque para ela isso era uma forma de distribuir terra. Então, dentro do que é a lógica operante, eu consigo minimizar esses efeitos perversos, de alguma maneira, distribuindo essa terra. Não estou dizendo que é certo nem errado, mas acho que temos dificuldade de discutir nessa chave.

Não sei se essas políticas são muito diferentes. Essa questão de estar na mão do Estado era uma diferença fundamental. Porque, quando a terra é pública, você constrói a dinâmica dessa implantação dos serviços públicos, e [que], como defendo na minha tese, tinha uma relação muito direta com a implantação da ferrovia, no caso do Rio de Janeiro. O fato das terras estarem na mão do Estado era um fator fundamental para que isso acontecesse dessa maneira. Portanto, tinha uma visão de expansão do território. Desse ponto de vista, por exemplo, se comparado com a distribuição da riqueza, ela acontece hoje em menor escala, mas ela também opera numa lógica muito parecida. É uma ação do Estado que incorpora a lógica do privado, do mercado, da forma financeirizada que ele se dá. Mas [essa] simples ação do Estado, por mais contraditória e por mais que se ative a lógica neoliberal, acaba operando na massificação dessa distribuição, em alguma possibilidade de distribuição.

Gostaríamos que você comentasse sobre o fato do Estado não deter mais os meios de produção, ao contrário do que ocorria, em parte, durante o período Vargas. Nesse sentido, como você vê a relação entre tecnologia e política habitacional?

É uma confluência de fatores. Como é que os economistas explicam esse padrão periférico de desenvolvimento capitalista? Eu estava dando o exemplo da Inglaterra. Como é que funciona lá o modelo clássico do desenvolvimento capitalista? Você teve, simultaneamente, o desenvolvimento de tecnologias e a liberação de mão de obra dos setores feudais. Liberação de mão de obra livre, para ser incorporada no sistema industrial. Essa liberação de mão de obra livre, correspondia diretamente ao nível de tecnologia desenvolvido. Então, você liberava trabalhadores que fossem suficientes para a elaboração desse projeto. Você mantinha, assim, um exército de reserva. Você tem um desenvolvimento natural dessa relação: uma nova tecnologia só era inserida, para a produção de mais valia, na sua relação direta com a elasticidade de mão de obra.

Conforme isso aconteceu na Inglaterra, a classe trabalhadora também foi se organizando. Ela conseguia ter um poder de barganha pelo número de pessoas qualificadas, que estava incorporada nesse mercado. As pessoas eram liberadas aos poucos para esse trabalho livre. Elas iam desenvolvendo conhecimento técnico relativo a essa produção de tecnologia e, assim, conseguiam pressionar com organização, com sindicatos, com greves, para dizer "olha, se vocês não pagarem a gente direito, a gente para as máquinas". E não tinha mais gente com conhecimento para competir com essa mão de obra. Quando esse sistema se expande, ele vende essa tecnologia – produzida organicamente por esses operários – para resto do mundo. É aí que se cria o padrão desigual de dependência.

Qual á a ideia? Eu não preciso ter o capitalismo desenvolvido no Brasil inteiro. Eu [o] tenho desenvolvido só num setor, porque esse setor se alimenta culturalmente do produto tecnológico feito. É isso que impede a incorporação dessas tecnologias na construção civil. Porque eu consumo a tecnologia e a indústria produz a tecnologia para a população em geral, que é ditada, que é orientada, por esse setor altamente orgânico e qualificado do sistema mundial.

Isso acontece em diversas camadas, em diversos níveis. Não só no caso brasileiro, mas no caso do chamado *3º mundo*. Como é que a União Soviética e o mundo comunista resolvem isso? Dizendo que quem vai fazer é o Estado. Como é que a gente resolve isso de maneira "mais ou menos"? Também dizendo é o Estado. Só que, na União Soviética, é estatizando absolutamente tudo. Aqui no Brasil, na década de 1930, é estatizando o que era possível, dado o acordo político que estava sendo feito naquele momento. Os economistas desenvolvimentistas vão dizer o seguinte: "o único jeito de você resolver isso é com o Estado tomando a frente dessa situação". Mas, para isso, você precisa de uma condição política que você não tem, porque essa elite que está entronizada no Estado – que tem uma significativa influência em toda a população de uma forma geral – quer continuar consumindo essa tecnologia desenvolvida pelos setores do chamado centro da economia. Ela mesma se nega a incorporar essas tecnologias produzidas aqui, pensadas aqui. Se nega a qualificar a mão de obra, porque ela é não só economicamente mas culturalmente dependente desse centro. O problema está na dependência das elites.

Essa dependência vai se reproduzindo nos diversos níveis. Por exemplo, quando falamos da classe média no Brasil, o que significa? Significa que toda pessoa que avança significativamente, do ponto de vista econômico, desenvolve uma dependência do ponto de vista cultural. Ela passa a desejar e consumir os produtos dessa alta cultura, inviabilizando o desenvolvimento. Então, você ter o investimento na indústria da construção civil dependeria de uma ação coordenada de políticas de Estado, o que temos dificuldade [de realizar] e que significa a própria dependência da elite, que se reproduz em outros níveis.

Na sua análise sobre a Era Vargas, temos o indicativo de que as ações do Estado eram direcionadas para potencializar a dinâmica econômica do país juntamente com o atendimento de algumas demandas populares. Aqui, cabe o que se chamou de "Pai dos ricos e mãe dos pobres". Qual o papel do populismo hoje, na manutenção da autoridade do Estado?

A análise que faço do populismo, na minha tese, é muito mais complexa do [que o] populismo como uma alienação ou como cooptação das classes. Ela incorpora de fato uma relação que tem dois polos. E, obviamente, a troca entre esses dois polos [não] se faz de maneira simétrica. Então, não é só uma cooptação de um lado. Ela tem interesses também desse chamado povo, que são incorporadas e que se dá na relação de resposta política a quem está no poder.

[Sobre] essa questão do populismo, estou ampliando um pouco o meu conhecimento sobre isso. Hoje, por exemplo, se estivesse escrevendo minha tese, eu ia ler Ernesto Laclau [e] outros teóricos que estão pensando essa questão no mundo contemporâneo. Mas que acabam corroborando essa série de outros autores que eu acabei fazendo referência, como a Angela de Castro Gomes ou Sônia Braile. Na verdade, trata-se de pensar nessa chave da dependência. O capitalismo se desenvolve num centro e depois se sobrepõem a outras lógicas. Vai fazendo com que todas as lógicas, na verdade, sejam subordinadas a esta lógica hegemônica.

O populismo, na América Latina de uma forma geral, o que que ele faz? Ele tenta misturar, ele incorpora e ao mesmo tempo inverte. E essa inversão incorpora a reprodução desses sistemas anteriores que estão colocados aqui. [Por isso], eu evito trabalhar na lógica do atraso, como toda a linha de interpretação dos chamados pensadores brasileiros, que centram no conceito de *patrimonialismo*. Nessa chave, o populismo é lido como uma lógica do atraso. Eu procuro entender a incorporação dessas contradições para a implantação do sistema capitalista no Brasil.

Nesse mesmo sentido, a chamada forma populista é a forma que se constrói ali naquele momento, como a possibilidade de enfrentamento desses interesses regionais oligárquicos. Essa mística em torno do personagem, da figura, a forma que essas políticas, no continente inteiro, encontram para formar o Estado Nacional, que não se forma nessa chave republicana que entendemos lá [no centro do capitalismo], porque tem esses interesses regionais colocados.

Durante o governo Vargas, o Brasil estava em um processo de ascensão das grandes indústrias, das leis trabalhistas e o apoio popular era de grande relevância. Já hoje, caminhamos na contramão, pois verifica-se um cenário de redução de indústrias, um arroxo das leis trabalhistas e um enorme descontentamento com o Governo Federal. Como você acredita que esse novo cenário irá refletir nos créditos e produção de habitação de baixa renda?

Na minha opiniao, o que aconteceu é um desencantamento com o Estado. As esquerdas todas, na minha opinião, têm um sentido de fazer essa crítica ao Estado, o que tem a ver com os processos autoritários que acontecem por toda a América Latina. Algumas leituras marxistas, de uma vertente mais idealista, vão indicar essa interpretação de que é o Estado que reproduz a lógica perversa, por exemplo, da ocupação do território, pois o Estado reflete os interesses imobiliárias. Nessa chave, a esquerda vai dizer que o Estado não resolve os problemas, porque ele está a serviço do capital. Desse modo, a esquerda vai apostar em movimentos sociais. Já as interpretações neoliberais vão construir a ideia de que o Estado não resolve os problemas, porque ele é ineficiente.

Então, [formula-se] a ideia é de que a igualdade social e econômica não se realiza porque o Estado atravanca o desenvolvimento. Nessas duas lógicas, apaga-se a realidade que é a disputa pelos recursos públicos e também acaba se fazendo uma "cortina de fumaça" por conta da simplificação sobre as interpretações da esquerda, que são muito complexas e que têm um objetivo de esclarecer esse domínio dos setores das elites. Mas essas análises de esquerda, muitas vezes, são simplificadas. Então, quando se constrói essa máxima "o Estado não resolve", você impede que se visualize a disputa pelos recursos que já existem e também as lógicas tributárias.

Obrigado, Nilce!

"A gente, muitas vezes, acha que o desenho resolve, que o projeto, que a intervenção resolve e pouco se preocupa com a crítica, no sentido de entender quais são os mecanismos de funcionamento da cidade, os mecanismos de produção dessa cidade, qual o papel que nós mesmos como arquitetos produtores de mercadoria cumprimos e por onde é possível caminhar."

joana
barros

Entrevista realizada por
Marielle Tokumoto, Marina Nakahara e Rafael Breda

Joana, nota-se que você desenvolveu sua pesquisa de doutorado, orientada pelo Francisco de Oliveira, logo após a realização da conferência dele, que resultou no texto crítico aos Mutirões. Isso diz muito sobre a reflexão da academia brasileira, no que se refere à habitação de interesse social. Que pontos essenciais você destaca nesse processo e quais os avanços?

Eu saí do mestrado em 2004, que era sobre população de rua e uma pesquisa sobre políticas habitacionais em 3 cidades: São Paulo, Belo Horizonte e Fortaleza. Era uma pesquisa que tinha sede na Usina [Centro de Trabalho para o Ambiente Habitado] e que eu coordenava com o João [Marcos de Oliveira] e a Cibele [Saliba Rizek]. Dessa pesquisa saiu um conjunto de reflexões sobre política habitacional, autogestão, mutirão, que era um tema polêmico inclusive dentro da Usina. Não havia consenso [risos]. O Chico de Oliveira era o coordenador do CENEDIC [Centro de Estudos dos Direitos da Cidadania] e a minha orientadora de mestrado, Maria Célia Paoli, também estava discutindo o papel das políticas públicas. [O texto] *O vício da virtude* é escrito pelo Chico a partir de uma conferência que ele fez num seminário desta pesquisa sobre mutirões autogeridos, [financiada] pela Finep [em 2006].

Eu termino o mestrado em 2004 e entro no doutorado em 2008. Então, tem um *gap* aí. Eu estou falando isso porque acho que nesses três momentos: pesquisa de mestrado; essa pesquisa da

Finep e a pesquisa do doutorado, tem uma questão comum que é o papel das políticas públicas. O que são essas políticas públicas no contexto brasileiro, saindo da ditadura, redemocratização do país, o resurgimento dos movimento sociais e sindical, em relação à população que não tem essa trajetória de movimento como a gente entende, mas que é abordada por políticas públicas? Como que essa experiência encontra negativamente essa população de rua? Como é que as questões acabam se misturando?

O Chico escreve esse texto dizendo que uma coisa que parecia tão virtuosa acaba se convertendo no seu contrário. Tem uma conexão aí de pesquisas, que parecem muito diferentes, mas tem uma questão comum: Como que partes da população, dos trabalhadores, dos pobres – no caso da população de rua – acabam participando, produzindo essas políticas públicas ativamente e como elas também vão transformando o contexto no qual essas pessoas vivem?

Segundo o entendimento externado pelo [Jacques] Rancière, que é apresentado no seu texto, a democracia se baseia no reconhecimento de que inexiste qualquer título (seja de nascimento, antiguidade ou conhecimento) que habilite os homens previamente para o governo, pressupondo-se a igualdade como fundamento. Sendo assim, diante da contradição entre o pressuposto de igualdade na democracia e a forma com foi realizada a escolha dos conselheiros do Congresso da Cidade, ainda assim, é possível afirmar que essa escolha é democrática?

Tem um texto [do Rancière] que é bem interessante para esse debate, que chama *O ódio à democracia*, que eu cito bastante na tese. Ele faz um debate com Platão e, olhando para a situação francesa, de uma sociedade muito mais nivelada, muito menos desigual socialmente, economicamente, politicamente, ele argumenta que aquilo que as pessoas estão chamando de democracia, na verdade, não é democracia. Se a gente for pensar nos termos que ele propõe, que é a partir do Aristóteles, o que o Aristóteles diz é: Independente da posição, do trabalho, da formação, de quanto ganha, da cor, do que for, as pessoas têm uma opinião sobre alguma coisa e elas devem discutir politicamente, participar da vida pública, independente do lugar que elas ocupem. É esse o fundamento. É essa tensão de dizer: Eu acho uma coisa e você acha outra, no sentido de disputar concepções de mundo, concepções de vida em sociedade. É isso que é a política, esse processo de subjetivação, de construção desses conflitos.

Então, para o Rancière é menos uma questão de acesso à educação, que é muito mais a chave de entendimento do [Pierre] Bourdier de que você precisa nivelar os conhecimentos e os predicados para poder participar da vida púbica - que é um pouco o que a gente de alguma maneira faz. Então, é preciso equalizar o nível de educação de todo mundo para que essas pessoas que são pobres possam participar.

A chave de entendimento do Rancière é justamente o contrário, ele vai dizer que não tem isso, alguém como eu, que sou pós doutora, e o sujeito que vive nas margens do Sena, que é migrante argelino, somos iguais na política, partimos de um mesmo lugar. Então, essa tensão que o Rancière coloca é interessante, justamente, porque pode dar uma chave de leitura do Congresso da Cidade. O que é interessante no Congresso da Cidade é que as pessoas que nunca estiveram nesse processo de debate político sobre o país, ou sobre sua cidade, seu estado, até sobre o seu bairro, puderam participar, foram chamados a participar.

Essa lógica de que é preciso saber alguma coisa para participar da política, a gente reproduz, falamos isso, muito comumente, para defender coisas importantes. Todo mundo precisa ter educação, para que? Para conhecer as coisas e para poder não ser enganado. De alguma maneira, a gente vai responsabilizando a pobreza pela situação política.

Tem um dado objetivo que são os processos participativos. Em muitos lugares, eles acabam funcionando como um filtro, porque têm um credenciamento para a participação política. Então, saber ler e escrever é uma barreira, de fato, porque quase tudo o que passa nesses espaços, de alguma forma, vai virar uma legislação, vai virar um processo, instituirá uma lei. E também tem um dado que é a capacidade de participar. Esses processos de participação exigem tempo, que quem consegue ter é o desempregado, que é o que o Chico diz. O mutirão funciona, porque tem 80% das pessoas que não trabalham e aí podem fazer bicos e, depois, trabalhar durante a semana no "canteiro da felicidade". É a história do vício da virtude.

O quanto você enxerga nas atuais estruturas de participação política direta – como processos participativos de Plano Diretores, Assembleias, Consultas Públicas e o próprio Congresso da Cidade em Belém – vestígio de uma nova articulação política dos desprivi-

legiados. Ou o quanto isso poderia ser apenas uma reprodução das dinâmicas de poder, onde uns necessitam e reivindicam para outros fornecerem?

Olha só, eu acho que é tenso rever essa história toda, porque a gente está falando dos anos 90. A Constituição é de 88 e é um momento de instauração desses conselhos, de montagem dessa mecânica de funcionamento. A gente está montando esse funcionamento democrático, saindo da ditadura militar e, ao mesmo tempo, são os anos do desmonte neoliberal. É um movimento que é contraditório. Ao mesmo tempo em que se montam as políticas públicas e os conselhos – e as conferências são parte de uma visão de políticas públicas, de uma relação com o Estado mais democrático, que não é só a execução do serviço, mas também a participação no processo de decisão, e muitas vezes de implementação das políticas públicas –, tem-se uma redução de verba e do próprio aparelho de Estado para executar essas tarefas. Então, mais uma vez, tem um deslizamento dessas políticas e é possível dizer sim que uma parte desses mecanismos acabou virando gestão. Virou aquela história de que a gente queria fazer mutirão e acabou fazendo uma casa pequenininha mais barata.

Mas tem coisas muitíssimo virtuosas. A experiência democrática que nasce e que se fortalece nesses anos como experiência é muito interessante. Não acho que dê para jogar fora e nem sou daqueles que acham que não valeu a pena. São situações muito contraditórias em que, ao mesmo tempo em que você vai construindo essas estruturas, elas vão se rearranjando e cumprindo outro papel. Agora é de se perguntar: se é aquilo que gente queria fazer, o que que aconteceu daquilo? É uma pergunta difícil, porque a gente precisa se defrontar com a nossa história, com nossa ação, mas acho que é importante.

Tem uma literatura muito grande, inclusive aí na Unicamp que discute isso. Tem um texto bem interessante da Evelina [Dagnino] do comecinho do governo Lula [Construção democrática, neoliberalismo e participação: os dilemas da confluência perversa], onde ela já aponta um esgotamento das formas democráticas, institucionais. Ela diz: os conselhos e a normatização dessa vida institucional gastam tanto tempo que a gente não consegue muito discutir o que é para discutir. Então, acaba que a gente está reproduzindo o funcionamento burocrático.

Os anos 2000 têm uma outra questão. No governo central, um partido de esquerda também dá uma nova cadência para essa participação. Curiosamente, em algumas áreas, é um momento de menor participação, menos mobilização.

Acho que está aí a chave de entendimento do quanto essas estruturas de participação popular, de controle social, se misturam com as formas de ações diretas. No Congresso da Cidade, nas conferências municipais, você ainda tem um apelo de democracia e participação direta. Então, é ilusório achar que você tem o povo participando sem representação. Eu acho que é [importante] perceber como essa articulação entre as formas de participação direta – as formas de participação territorial de organização que não necessariamente passem por esses filtros institucionais – se articulam ou não com essa vida institucional, que a gente criou e que, de alguma forma, também corresponde a um controle social.

No governo Lula, isso é um problema. O Minha Casa Minha Vida é um programa que não passa pela definição e controle do Ministério das Cidades. Ele é um programa vinculado ao PAC [Plano de Aceleração do Crescimento], que está completamente distante da dinâmica de funcionamento dos conselhos municipais, estaduais e do próprio conselho nacional das cidades.

Perante a probabilidade dos detentores de capital silenciarem as minorias, como você imagina que se daria um modelo horizontal de representações na prática? A "violência" inerente à sociedade não se repetiria nas negociações e priorizações dos problemas sociais da cidade?

Há uma coisa interessante na geração de vocês que é um questionamento de como conciliar formas de organização e participação política mais horizontalizada, menos hierarquizadas, menos institucionais e que respeitem as formas de organização anteriores.

Estou pensando aqui, por exemplo, na participação dos indígenas, ou dos quilombolas, ou de populações que muito claramente estão fora desse quadro moderno. Fica mais fácil a gente entender. Os indígenas têm uma lógica de funcionamento político que é diferente. Não têm essa coisa da representação. A representação é dada pelo pajé para algumas coisas, pelo chefe dos guerreiros em outro momento... Ou seja, o tipo de funcionamento político tem uma outra forma e é preciso respeitar. Quando a gente pensa num coletivo de juventude, ou do movimento negro, ou da juventude do terreiro, que são grupos que estão vivendo nessa cidade e que estão dentro desse arcabouço moderno, [eles] têm um funcionamento político participativo, decisório, diferente. Por exemplo:

aqui no Rio de Janeiro, tenho acompanhado muito a juventude de terreiro. Tem um funcionamento que é participativo, de representação, mas que também tem uma lógica de funcionamento que remete ao seu funcionamento nos seus terreiros, em cada uma de suas nações de candomblé, umbanda, de tambor de mina... O que eu estou dizendo é que a riqueza e a dificuldade desse momento é pensar em como que a gente dá conta dessas formas de organização, que não são dessa representação verticalizada que a gente tem. A democracia representativa, que não dá para dizer que é o mal do mundo, como que ela acolhe essas formas de participação diferentes de si e como ela acolhe o conflito, acolhe as diferenças? Porque a juventude de favela vai pensar, se organizar, de uma determinada maneira. Vai ter códigos, vai ter assuntos, questões, funcionamento diferentes do de uma juventude, do ponto de vista etário, que está na universidade. Vocês três e os meninos que eu vejo da minha casa num morro, que têm relações com o tráfico, têm um jeito de se organizar, ainda que tenham a mesma idade, têm dinâmicas políticas sociais diferentes. Eu acho que [a grande questão] é como essas formas de democracias horizontalizadas, de ação direta, se combinam com essas formas institucionais, essas formas de representação.

Se a democracia representativa retratasse de fato as diversas parcelas da sociedade, você acredita que os mutirões não seriam utilizados como solução para o déficit habitacional, já que essa população carente estaria representada nas discussões de políticas habitacionais? Existe alguma alternativa para resolver esse déficit habitacional no atual modelo político democrático do país de forma eficaz?

Se a gente pega o perfil do déficit habitacional e vê o que está sendo produzido hoje, tem um descolamento. Você olha os índices da Fundação João Pinheiro e eles dizem o seguinte: falta casa ou falta casa de qualidade em áreas metropolitanas. Você vai ver o que está sendo produzido e está longe da infraestrutura já instalada na cidade e está sendo produzindo não em metrópoles. Então, temos um problema. Mesmo o que é produzido por mutirão e por autogestão, não são muitas unidades em metrópoles.

O problema habitacional é maior que o problema de suprir o déficit, é um problema de estruturação efetiva da cidade. Nessa estruturação das cidades, as formas cooperativadas e as formas coletivas e comunitárias de construção habitacional existem. Então, mutirão com ou sem programa auto gerido continua existindo. Autoconstrução continua existindo e é o padrão de surgimento da cidade. O Chico de Oliveira ensina isso no texto *O Estado e o Urbano no Brasil*. Não é falta de Estado, mas é a maneira que o Estado se dirige às camadas populares, relegando essa parte, e focalizando as políticas públicas e habitacionais, com um componente de coerção e de violência substantivo.

O Minha Casa, Minha Vida e a política habitacional dos últimos anos é uma política de desenvolvimento econômico anticíclica, que tem um componente de direitos, mas não é uma política habitacional. Não sei se dá para resolver o problema. Hoje mesmo passamos a noite inteira – eu moro em frente ao Morro dos Prazeres – com a sirene tocando, porque havia risco de desabamento, deslizamento. Essa é a política habitacional que o Eduardo Paes estabeleceu: toca a sirene, sai daí porque vai cair!

Formas participativas talvez ainda não resolvam o déficit habitacional, mas têm diferenças significativas – a exemplo do que a gente vive se referindo da gestão Erundina – comparado à situação da sirene tocando às 3h da manhã. Não tem nem o que discutir.

É uma junção difícil mesmo, porque é um pouco isso o que vocês falaram no começo. Essa cidade é produzida de forma muito articulada por dentro do capitalismo. Não tem cidade da felicidade, uma ilha da felicidade. Mas, por outro lado, você tem experiências muito interessantes, muito virtuosas, que de fato democratizam a cidade, que de fato possibilitam que a cidade, a periferia, as áreas pobres da cidade tenham melhores condições de habitabilidade.

Na discussão com o Chico de Oliveira, o Pedro Arantes usa, como principal argumento para validar os mutirões, o aprendizado adquirido em todo o processo de construção. Você considera que o processo de empoderamento político que ocorre dentro dos mutirões é válido para romper com a "estrutura de atraso estabelecida" de forma a superar a "impossibilidade de igualdade"?

Eu acho que aí tem várias questões. Uma é essa percepção, que precisa verificar se ela é sentida pela população e se objetivamente tem condição de afirmar isso. Por outro lado, do ponto de vista qualitativo, eu acho que tem de fato um aprendizado político que a vida em comunidade e esse tipo de orientação traz. Mas tem muito problema.

Se a gente volta para os mutirões tempos depois da experiência, encontramos associações que têm uma vida esvaziada. As pessoas estão cansadas. É muito desgastante, porque a relação com o Estado é muito tensa. Todos os conjuntos são feitos em o dobro do tempo do que estava previsto. Numa obra de três [anos], o mínimo que as pessoas gastaram nessas obras foi 5 ou 6 anos. A situação típica, que é dita como a mais virtuosa, a das velhinhas carregando água e construindo. Elas entram com 60 e saem com 70, e outras não chegam a morar nesses lugares. Há que se considerar e pesar um pouco o que estamos chamando de experiência. Como experiência, pode ser muito interessante. Você vai nos mutirões e as pessoas dizem: foi fundamental! Eu digo isso: Passei 10 anos em obra. Sem os 10 anos de obra, de trabalho de segunda a segunda, não seria o que sou hoje. Como experiência política é muito interessante. Agora, acho que gente precisa relativizar essa história de que é tudo virtuoso. Os mecanismos de controle interno da associação também são hierárquicos. A gente reproduz as hierarquias, as desigualdades... O mais importante é que foi uma experiência histórica. Do ponto de vista do que foi construído historicamente, ela respondia a uma demanda de participação efetiva no Estado em 1989, quando se iniciou o governo de Luiza Erundina. Participar e decidir a política pública tinha de fato um componente de construção do ambiente democrático, de democratização do Estado, das formas de participação.

No que se refere ao engajamento, você identifica se foi maior a adesão da população aos mutirões ou ao Congresso da Cidade?

Eu acho que tem diferenças. O Congresso pretendeu ser um processo de participação de todos os setores. Então, ele já parte de uma ideia de que todo mundo vai participar de diversas maneiras. Nos mutirões não. Era uma política habitacional, o que já é um recorte. Agora, dentro da experiência da Gestão Erundina tem um grau de mobilização bastante grande não só em habitação, mas em toda uma parte de cultura, saúde, educação. Paulo Freire foi o secretário de educação na gestão Erundina. Você tinha uma intenção de mobilização tão forte quanto em Belém.

A questão é que a forma como isso se organizou em Belém era mais articulada a partir do Congresso da Cidade. Na experiência dos mutirões, se articula o debate sobre habitação, sobre cidade, sobre reforma urbana. Quem nasce como um movimento muito imbuído desse debate da regulação urbana foi o Movimento Nacional de Luta por Moradia, que tem desde o seu começo um debate sobre reforma urbana bastante central. Hoje já mudou um pouco, mas, naquele momento da gestão Erundina, eles estão muito preocupados com o debate da reforma urbana. E esse debate era feito não na Secretaria de Habitação, na COHAB, era feito na Sempla [Secretaria Municipal de Planejamento], que era responsável por apresentar o Plano Diretor à cidade.

São experiências de contextos de muita mobilização, apesar da solução organizativa ter sido diferente. Em São Paulo, não se conseguiu avançar com o Orçamento Participativo nem na gestão Erundina. Na gestão da Marta [Suplicy], quando a esquerda volta depois das duas gestões malufistas, o Orçamento Participativo só tinha nome.

Em Belém, estava muito claro que era preciso ter uma forma de gestão da cidade, que incluísse vários grupos de maneira articulada, que não era um debate de habitação ou de saneamento, muito dificitários na cidade. Mas era um debate sobre a cidade e que essas partes compunham a própria vida. Isso fez muita diferença para o tipo de organização que se produziu. Como também para São Paulo, por conta do tamanho e também por conter diferenças na elaboração política e na resposta organizativa, apesar de se tratar de um governo do PT.

Qual medida você acredita que possa ser tomada pelos arquitetos para auxiliar nessa questão sem perpetuar esse meio de produção habitacional que utiliza gratuitamente e indevidamente a mão de obra de pessoas de baixa renda e que acaba interferindo na definição do salário mínimo, por não considerar tais gastos de habitação dentro dos custos de vida calculados? Quais os limites de atuação do arquiteto, neste cenário?

Eu sempre fui daquelas pessoas que achavam que arquiteto não resolve tudo né? Você imagina isso no coletivo da USINA? Eu acho que tem a ver com o processo de formação dos arquitetos. A gente, muitas vezes, acha que o desenho resolve, que o projeto, que a intervenção resolve e pouco se preocupa com a crítica, no sentido de entender quais são os mecanismos de funcionamento da cidade, os mecanismos de produção dessa cidade, qual o papel que nós mesmos como arquitetos produtores de mercadoria cumprimos e por onde é possível caminhar. Evidentemente que poder problematizar a produção da cidade com os movimentos sociais é muitíssimo importante. Cria uma massa crítica que vai adensando as formas de mobilização, de construção das pautas.

A própria formação dos arquitetos e urbanistas nas universidades é de responsabilidade de todos nós. Uma experiência como essas que vocês estão fazendo de formação é muito interessante. Você sai de dentro da sala de aula, entende que a produção do conhecimento é nessa tensão, que não é dentro nem fora, mas é nesse entre dentro e fora da universidade.

Sobre os instrumentos, eu acho que [uma questão] é sair dessa armadilha de que o instrumento resolve: a política habitacional resolve, o bom projeto resolve, o bom Plano Diretor resolve, porque são condensações de conflitos.

A segunda [questão] é não acreditar, não ter essa visão tão normativa que a gente acaba tendo da nossa própria intervenção. Porque tem a natureza da nossa intervenção: você constrói coisas. Então, a presença física da nossa atuação é muito difícil de contornar, difícil de não se encantar com ela. Eu faço uma crítica aos mutirões, faço uma crítica muito dura do que eu mesma produzi. Mas eu chego no Conjunto habitacional União da Juta e eu morro de amores por aquilo. Choro de lindeza.

Agora tem uma coisa que eu acho interessante que aparece no texto *Educação e Emancipação* do Adorno, onde ele discute educação, passando pelo Marxismo, pela psicanálise. No final, ele diz que não é possível construir uma educação da liberdade, uma educação livre nesse sentido, mas uma educação para a liberdade no sentido de que você cria uma postura em relação à própria educação, à sua própria situação. Trata-se de tomada de consciência, que eu acho que é importante também na produção da cidade. Entender que não tem uma forma pura, que não tem um mutirão feliz e contente onde está tudo resolvido, mas que está justamente nessa tensão. Por isso que essa ideia do Rancière, do conflito, é tão interessante, porque ele restitui aquilo que é a potência das coisas.

Na entrevista que eu dei lá para o documentário *Arquitetua como prática política: 25 anos de atuação da* USINA, eu falei isso. A crítica precisa parar de ser vista como um apontar defeitos. Quando eu digo que tem um limite claro dos mutirões, que eles reproduzem uma cidade, reproduzem uma lógica, reproduzem mercadoria, não significa que eu estou querendo jogar essa experiência fora. Estou querendo justamente restituir aquilo que é mais interessante na experiência. É o conflito, a tensão, a disputa em torno dos sentidos da cidade.

Porque, quando a gente fez os mutirões, estávamos querendo disputar aquela cidade. E com o que a gente entrou nessa disputa? Com a possibilidade de articulação entre os profissionais. Algo que sumiu dos discursos das assessorias técnicas: o trabalho multidisciplinar. Não tinha só arquiteto fazendo aquilo, muito pelo contrário. Tinha muito mais gente fazendo, desde os trabalhadores mais técnicos até os menos técnicos. Ao mesmo tempo, é entender que é um momento. Não são os arquitetos que foram lá. Não é o Guilherme [Coelho] que veio com a maquina de blocos de concreto, mas é uma experiência concreta de trabalhadores, de técnicos, de pessoas que não se identificam como trabalhadores, que testaram produzir uma determinada maneira de cidade.

Na obra, eu tenho um determinado conhecimento técnico valorado e chancelado pela universidade e o pedreiro tem outro completamente diferente do meu. Eu não vivo sem o trabalho dele. Ele não vive sem o meu. Na verdade, ele vive mais sem o meu trabalho do que eu. Mas é essa ideia de que você não tem hierarquias para decidir sobre a cidade, sobre a política.

Ela deveria orientar a ação dos arquitetos na constituição das cidades, porque ela abre uma chave de leitura, mais do que dá uma resposta. É pouquíssimo normativo, quase nada normativo, mas eu acho que dá uma chave que é apostar na tensão, apostar na prática profissional de produção da cidade que vai produzir mercadoria, que vai produzir propriedade privada, mas que também vai produzir dissenso, conflito. Vai produzir uma maneira de organizar a população que seja diferente da que está acostumada. Vai produzir mulheres mais emancipadas dos seus casamentos, das suas obrigações como mãe, como mulher. Vai produzir homens que vão estar atentos às suas relações étnico raciais, de gênero, de trabalho, de hierarquia. Entender isso, que a arquitetura foi perdendo, essa capacidade de se entender com *um* elemento, e não como *o* elemento de produção das cidades.

Obrigado, Joana!

"... o Plano Diretor é mais do que uma lei, é um pacto social, porque, pela Constituição e pelo Estatuto da Cidade, ele obrigatoriamente tem que ser participativo."

paula santoro

Entrevista realizada por
Gabriel Sugiyama, Laura Tonet, Mariana Valentim

No seu doutorado, você diz que "o papel do plano diretor mostra-se fundamental na medida em que é resultado de um pacto democrático, que simbolizaria o interesse público em urbanizar...". Por outro lado, sabemos que a sociedade brasileira não é democrática e que a maioria das decisões acaba favorecendo as minorias que concentram o poder. Queríamos te perguntar quem você considera que são essas pessoas que participam ativamente da elaboração do plano.

Isso é em tese, né? Idealmente, ele é um pacto democrático. Essa foi a aposta feita, quando se aprovou a Constituição de 88, que jogou para o Plano Diretor o cumprimento da função social da propriedade. Foi uma fuga, na minha opinião. Para não ter que colocar tudo na Constituição, eles jogaram [a responsabilidade] para Município. E também porque teve uma aposta do mercado imobiliário e da elite, de que, na esfera local municipal, as forças políticas se organizariam mais facilmente. Enfim, temas como cumprimento da função social da propriedade ou utilização dos instrumentos que pressionam pelo bom uso da propriedade, o PEU [Plano de Estruturação Urbana], o IPTU [Imposto Predial e Territorial Urbano] Progressivo e tudo isso, na escala local, talvez não fosse aprovado. Isso, por um lado, era a postura das elites, e a Constituição de 88 veio de um processo democrático que apostou muito no desenvolvimento econômico local. Então, foi uma Constituição municipalista, que veio da construção da democracia a partir do município, porque vinha no bojo da própria luta democrática.

Quando a Constituição foi aprovada, havia uma aposta muito grande no processo de democratização em escala municipal. Ou seja: o Plano Diretor seria o instrumento na escala local para dar conta desse processo democrático. Só que vínhamos da ditadura. Como fazer um processo democrático, sendo que a gente não estava acostumado com um mundo democrático, não tinha instituições democráticas, não tinha Conselhos? Então, começou uma agenda de criação de conselhos, para a criação de processos democráticos. O próprio Plano Diretor foi objeto das resoluções 25 e 34 do Conselho das Cidades, que diziam como deveria ser o processo democrático. É muito fácil fazer a crítica de que "não somos democráticos". Eu acredito que a democracia é uma construção. Infelizmente, estamos indo para trás no momento atual. Mas, em 2012, quando eu escrevi [a tese], nós não estávamos tão mal em termos políticos. Nesse contexto, escrevi que o Plano Diretor é mais do que uma lei, é um pacto social, porque, pela Constituição e pelo Estatuto da Cidade, ele obrigatoriamente tem que ser participativo. Isso não significa que o pacto social é em prol dos mais pobres. O pacto social se dá com as forças que estão atuando ali no município, na hora de fazer o Plano Diretor. O que acontece é que, muitas vezes, o próprio Plano Diretor é um objeto que atende muito mais aos interesses do mercado do que dos mais pobres, até porque os mais pobres estão acostumados, historicamente, a não fazerem parte do processo democrático. Mesmo sendo um pacto, não significa que seja um pacto interessante para todos. Mas eu tenho uma visão muito positiva de que é preciso ter processos democráticos. Se a gente acreditar que não vai ser nunca democrático, aí a gente não vai ser nunca democrático mesmo né?

Parece-nos haver um grande desalinhamento entre o Plano Diretor e as gestões das prefeituras municipais, que, muitas vezes, sucumbem aos interesses de poucos. Essa conciliação parece que está longe de ser contundente. Que outros meios você propõe para que esse documento constitua uma cidade democrática de fato?

A minha fé no processo participativo é um pouco por causa disso. Se ficar discutido só nos meios técnicos e ninguém conhecer, não vão cobrar. As gestões públicas municipais, principalmente no Estado de São Paulo, ainda estão muito articuladas pelas forças locais, que têm uma coalizão de interesses, em geral, em prol de crescimento urbano, de fazer ponte, de fazer obra, de fazer infraestrutura e tudo mais. Essa não é uma ideia da gestão pública. É uma ideia construída nos jornais, na mente dos cidadãos, para quem vai comprar casa. Forma-se uma coalizão de interesses, onde é muito difícil um arquiteto chegar e falar "Tem que tirar esse muro do condomínio fechado", porque todo mundo acha que é bom. Não se vê os resultados mais abstratos do conjunto de condomínios fechados, de uma cidade inteira privatizada, sem espaço público. É muito difícil a gente enfrentar essas coalizões. Numa cidade não metropolitana, principalmente nas pequenas, o prefeito é o dono da terra, dono do jornal, dono dos empreendimentos, das principais indústrias ou do principal desenvolvimento econômico do município. Uma hora ele é prefeito, outra é investidor de terras. Diferente [da cidade] de São Paulo, onde é mais disperso e tem interesses globais. A coisa é mais internacional, mais financeirizada. O capital é mais disperso, não é só de compra e venda de terra, ele está no mercado financeiro.

    A gestão pública não é tão palpável quanto nas cidades não metropolitanas. Quando você vai ao bar, no interior, você encontra o prefeito e já fala com ele sobre uma coisa que estava precisando. Você está mais próximo fisicamente e também tem os laços familiares e as redes sociais que fazem com que esses prefeitos fiquem pressionados. Tem uma proximidade da gestão, em geral dos interesses das elites, e é lógico que essa relação entre plano e gestão acaba privilegiando os interesses dessa elite. Então, não significa que ele [o Plano] não é implantado apenas. Ele é implantado quando se encontra com os interesses dessa elite e aí tudo bem.

Quanto ao texto ZEIS em cidades brasileiras que você escreve com a Raquel Rolnik, vocês falam que os planos por si só não são suficientes para a consolidação de uma cidade democrática e que deveria haver uma gestão ativa das leis. Quais modelos de gestão podem ser aplicados? Existe uma experiência interessante nesse sentido?

    Eu acho que a experiência mais interessante foi a de Diadema. Diadema tinha 3% de sua terra marcada para habitação. As ZEIS, quando foram marcadas no Plano Diretor, se não me engano de 1996, duplicaram de área para 6% e era uma antiga área industrial. As indústrias que saíram, várias delas foram demarcadas como ZEIS justamente para receber projetos de habitação de interesse social e, de uma certa forma, servir para realocação de famílias em função da reurbanização de favelas, das áreas ocupadas. Diadema é muito pobre, tinha muita ocupação precária. A Prefeitura assume, duplica a quantidade de terra para HIS marcada nesse momento como aeis (Áreas Especiais de Interesse Social) no Plano Diretor. Então, começa a chamar os proprietários para conversar: "A gente marcou como aeis. Vocês querem vender sua terra?". E chama os movimentos de moradia e fala "Vocês têm dinheiro? Vocês querem comprar essas terras? Ele quer vender e você quer comprar?". E a Prefeitura pôs uma parte do dinheiro e foi comprando terras.

Um exemplo muito usado nas aulas era uma fábrica de colchão, que estava num lugar, mas que queria se mudar pelo difícil acesso. Os proprietários queriam se mudar para mais perto da rodovia. A Prefeitura deu um terreno mais perto da rodovia e eles deram a antiga fábrica para fazer his em zeis e ali fizeram uma série de conjuntos. Foi uma articulação com Prefeitura, cedendo terreno, desativando fábrica aqui, ativando fábrica lá. E manteve-se a fábrica dentro do município, já que é geradora de emprego. Conseguiu-se viabilizar um grande conjunto habitacional feito com mutirão, super legal.

Tem uma forma de construir [a cidade]. É muito diferente de você ficar como prefeito, lançando edital para construtora se candidatar. Outra coisa é você ajudar a organizar o movimento, estimular formas de construção mais interessantes, facilitar e mediar a compra e venda de terras. Isso para mim é gestão ativa. Eu não estou esperando que o proprietário chegue na minha mesa. Eu vou até ele e falo "A gente quer essa terra. Quer vender? Tem quem queira comprar". Põe todo mundo junto para conversar sobre o assunto. Eles fizeram um monte de soluções habitacionais e depois viveram a crise das zeis. Tudo mudou. Mas esse momento foi de gestão ativa. Acho que esse exemplo é o mais clássico do que é uma gestão habitacional que não fica no gabinete esperando, mas vai atrás, tem um posicionamento político, fortalece os movimentos, a organização social, vai de encontro às lutas sociais, o que é muito diferente do que ficar falando com o mercado imobiliário.

Na sua tese, você fala da questão dos municípios menores não regrarem tanto a expansão urbana quanto os municípios maiores, por conta da pouca disputa e dos menores conflitos por terras. A gente queria que você comentasse um pouco sobre a diferença dos municípios, uma com expansão mais rápida e o outro mais demorada.

A armadilha das cidades pequenas é que quando ocorre [a expansão] é muito rápida e não tem quem a contenha. Isso se dá, por exemplo, com prefeito dando terra para o Minha Casa Minha Vida – mcmv, ou alguém criando um condomínio fechado, que é rapidamente aprovado. Não tem tradição de regulação, não tem equipe técnica, muitas vezes não tem Secretaria de Desenvolvimento Urbano nem Secretaria das Cidades. Eu conheço cidades que não têm nem Secretaria de Habitação. Como o cara vai conter um empreendimento?

A expansão urbana se dá por empreendimentos, que se dão por rodovias, grandes, impactantes, que têm se aproveitado dessas cidades pouco regradas e que pouco cuidam de seu desenvolvimento urbano. Tem uma tese brasileira de que os municípios pequenos não precisam de regras, porque nunca acontece nada. Os impactos sobre a cidade não têm a ver com o tamanho da população. Se passa uma estrada nova, impacta a cidade, não importa o tamanho dela. Então, existe uma regra que exige um Plano Diretor para cidades com determinadas tipologias, enquanto que na Colômbia por exemplo, exige Plano Diretor para todas as cidades. Qual a diferença? Tem que ter alguma regra básica sobre expansão urbana, para onde a cidade vai crescer, de adensamento populacional, de obras e efeitos sobre as cidades. São outros processos que acontecem na cidade pequena.

Porém, [se você] não regrar nada por não ter mercado imobiliário, quando tiver, não tem regra nenhuma [para controlar]. Então esse é o perigo. Por isso, eu acho que a gente devia fazer uma mistura entre regra colombiana, ou seja: todo mundo tem que fazer plano, mas alguns têm que fazer com conteúdo mínimo ou menorzinho, e o outro tem que fazer conteúdo maior. Aliás, alguns conteúdos são didáticos e têm que estar em qualquer plano.

Um deles é a ideia de que tem que ter a separação entre direito de superfície e direito de construir. Porque muita gente fala: "município pequeno não tem que ter outorga onerosa, porque não vai verticalizar". Aí verticaliza e o empreendedor tem um super lucro nessa verticalização. A Prefeitura não recuperou nada e tem que dar conta dos impactos dessa verticalização. Não tem que esperar a verticalização ou o adensamento construtivo acontecer para regrar o adensamento. Ele ponde acontecer a qualquer hora e é preciso prever. Eu sempre lembro de um caso do interior paulista. Um jogador comprou metade dos terrenos da cidade e também um terreno ao lado da igreja matriz, onde fez um prédio enorme, o que não era permitido. Ele conseguiu uma flexibilização da lei para fazer o prédio e não pagou nada para isso, pois não tinha outorga onerosa no Plano Diretor. A cidade não tinha como cobrar ele pelos danos causados, já que não havia nenhuma regulamentação. Todo município tem que ter uma separação entre direito de construir e direito de superfície, pois é legítimo cobrar pela valorização da terra quando a terra está sendo usada e explorada comercialmente.

A próxima pergunta tem relação com o que você fala sobre os planos urbanos das áreas de expansão. Você cita o planejamento territorial de outros países, onde eles possuem medidas que compensam a criação de novos loteamentos, definindo áreas para habitação. A gente queria saber se existe atualmente no Brasil alguma medida que obrigue os parceladores a colaborar com a cidade, quando tem um loteamento de uma gleba, diferentemente da Lei de Parcelamento do Solo. E existe algum meio de implementar alguma lei no Brasil, em relação aos loteamentos fechados e condomínios que já existem, para que eles contribuam de alguma forma também?

O que tem de regulação em geral é em relação aos novos. Dificilmente se trata de uma regulação para os existentes. Alguns loteamentos têm sido fechados sem exigência de nenhuma contrapartida, o que é muito perigoso.

Eu tenho estudado o que a literatura internacional chama de políticas habitacional inclusivas, que são políticas urbanas que, na transformação urbana ou num projeto de requalificação urbana ou reestruturação urbana em áreas centrais ou em projeto de expansão urbana, esses processos teriam que, além de gerar espaços para a cidade, em geral pela Lei de Parcelamento do Solo, criar também um percentual de área verde, um percentual de área institucional, um percentual de áreas públicas para vias. Deveria ter também um percentual para a produção de habitação de interesse social. Isso tem aparecido. Apareceu no debate da Lei de Parcelamento do Solo. No Plano Diretor de São Paulo, apareceu também grandes empreendimentos. Ou seja: Se você vai aprovar um condomínio fechado, também teria que fazer um percentual de unidade de HIS no mesmo terreno. Isso seria a cota de solidariedade, que é um instrumento parecido com o da França.

Tudo isso é muito discutido no Brasil. Todo mundo querendo implementar esses instrumentos, com a possibilidade de operação urbana ter um percentual de unidade de HIS. Tudo isso aconteceu, tanto a cota de solidariedade como o percentual de unidades habitacionais em operações urbanas, diante de muita pressão do mercado imobiliário. Então, em vez de eu fazer um percentual de unidades, eu faço um percentual de recursos. Só que tem um problema. Eu ter ali 30% dos recursos de uma operação urbana para fazer HIS não significa que eu vou fazer ela em lugares valorizados. A gente tem operações urbanas que arrecadam num perímetro e gastam o recurso em outro. Ou seja: continua mantendo a segregação no território. Uma área central mais valorizada e uma área periférica menos, só que agora dentro de uma operação urbana. É um pouco maligno como instrumento, porque ele mantém a lógica de preços da terra. Mantém a organização das atividades em lugares muito valorizados e outro lugar menos. E a gente não produz uma cidade mais equilibrada.

A gente percebe que a regularização tanto em favelas, como em condomínios fechados na periferia acontece de forma diferente porque, por exemplo, as favelas estão sendo regularizadas 50 anos depois de sua formação. Agora, a regularização dos condomínios e loteamentos fechados ocorre de forma mais rápida. De que forma você vê esse processo onde o poder econômico se sobrepõe ao direito da moradia digna?

Loteamento fechado, eles estão conseguindo regularizar. Existem vistas grossas para as irregularidades da elite. A gente acha que irregular é quando é pobre ou quando é precário. No fundo, a irregularidade está em todos os lugares. Perverso dizer isso, mas tem uma complacência, como se as pessoas aceitassem pequenas irregularidades. Isso está na forma de ocupar o país. Uma das questões da minha tese é que, se a gente tivesse controlado a expansão, falasse que só pode acontecer onde tem esgoto, saneamento direitinho, não teria acontecido a expansão necessária para a gente ter o exército de reserva no período industrial. E posso dizer a mesma coisa agora. Não teria acontecido o MCMV. Se a gente falasse "Só pode fazer MCMV onde tem saneamento", o programa estava falido. Então, tem uma flexibilização em prol do projeto do MCMV como um projeto de desenvolvimento econômico gerador de emprego e de PIB.

Tem um problema que é: a regularização fundiária exige urbanização e urbanização é muito custosa, muito demorada e é um projeto muito conflituoso. Para abrir as ruas, abrir ventilação para as casas e dar uma mínima qualidade urbanística, você tem que remover pessoas. Já num loteamento fechado, não. As propriedades estão melhor desenhadas. Muitas vezes, a infraestrutura está feita. Talvez alguma não esteja, o que é bem comum. Então, tem uma facilidade urbanística. E quem mora nos condomínios fechados? Os juízes, os promotores públicos, a elite. O que a gente tem de novo é loteamento fechado para classe média. Esse daí vai penar para regularizar, porque vai ter que pagar. O [Michel] Temer mudou a lei, facilitando ainda mais para alta renda [Lei 13.465, de 11 de Julho de 2017]. Para regularizar, não precisa comprovar conflitos.

 Todo esforço público deveria ser para regularização dos mais pobres e não para facilitar a regularização de alta renda. Para mim, não regulariza, dificulta, porque isso tudo estimula cada vez mais tanto a promessa de regularização como a regularização fácil.

 É um desafio bem grande penalizar essas elites, porque eles têm poder, influência e eles moram lá. Agora, tem muito loteamento de classe média que vai começar a ter problemas, porque, daqui há 10 anos, as ruas vão estar esburacadas. E quem vai refazer as ruas? Vai ter que ser o condomínio, mas ele não vai ter dinheiro. Eu acho que daqui há 10, 20 anos, a gente vai viver uma crise muito grande. Uma crise, exigindo um poder público que a gente não tem, tentando se desvencilhar das áreas comuns para ver se o poder público ajuda a cuidar. Eu aposto que vão tentar mudar a regulamentação para que o poder público faça os remendos em área privada.

No seu trabalho, você fala da criação das áreas urbanas, uma a uma, como forma de driblar as leis que já existem. A gente vê que isso acontece frequentemente no Brasil e que isso vai de encontro com o planejamento a longo prazo. Você acha que essa regulamentação partindo da necessidade pode ser de certa forma benéfica ou você acha que uma lei mais regulatória e que não dê espaço paras brechas seria uma opção melhor?

 Eu acho que a gente faz muita aposta na lei. E a gente não quer o caso a caso. A gente teria que ofertar moradia de interesse social, ofertar o que eles vão encontrar nessas áreas urbanizadas caso a caso. Às vezes, é um uso rural que se adensou e aí vira urbano para regularizar. Não é necessariamente um uso urbano radical. Os moradores não iam querer morar num apartamento. Eles moram numa chácara, a família toda, e não conseguem regularizar nunca. Fica aquele imbróglio, várias brigas familiares, processo violentos e tudo mais. Eu acho que tem aí um desafio dos maiores, que é esse rural adensado e pouco adensado. Como você regula? Se nós fôssemos efetivamente reguladores da frente urbana, não teria essa expansão tão frágil, tão maleável e tão flexível. A gente, tradicionalmente, cresce em expansão e reconhece todos os tipos de ocupação. A gente não pressiona para ter um cumprimento da lei. O que a gente não está vendo é a consequência desse caso a caso, quando ganha uma escala de 200. Aí, começa a ter uma urbanização dispersa, de mil pontinhos no mapa. Não estamos dando conta do problema nessa escala.

Eu penso muito num caso que eu explorei pouco, que é o de Mairiporã e que tem uma área de mananciais e várias urbanizações específicas. É o maior exemplo onde a forma de regularizar a propriedade é a única [saída] que eles têm. Ela é legítima para quem é proprietário, mas ele está urbanizando em área de manancial. O controle dessa baixa densidade não tem regulação [urbana] que dê conta. Isso é um amadurecimento [que veio] depois da minha tese. Eu acho que não vai ser com regulação [que se resolverá o problema]. A gente precisa ofertar uma cidade, um espaço para essas pessoas virem. Porque, muito do que eu vejo em Mairiporã, Bragança Paulista, são famílias que não têm mais agricultura familiar, mas que o pai morreu e os irmãos vão herdando os pedaços e fazendo suas casas. Eles trabalham na cidade. Para mim, a principal ênfase para evitar essa urbanização que vai se dando por pontos dispersos seria uma política que considere esse novo rural e proponha atividades complementares. O que a gente faz para ele não trabalhar na cidade? Poderia ter uma agricultura com maior valor agregado. O que é isso? É o queijo de minas [por exemplo], onde o proprietário faz queijo e tem um circuito turístico que vai lá visitar. Ou seja, você vai tendo ganhos com características de urbano, que é o turismo. Você conserva uma vida rural e tudo bem você regularizar a terra, porque não vai estar detonando mananciais, não prejudica a produção de água. Para estes lugares deveria haver três ênfases: uma renda que estimule o rural agregado de alguma forma; condições de saneamento boas e localizadas; e uma política de transporte e mobilidade que não seja moto.

Você comenta no seu texto que, quando a atividade agrícola é produtiva, o crescimento se dá por forma contígua. Se tivesse um declínio da produção agrícola, se dá por forma dispersa. Aí você cita o Graziano Silva, sobre esse ator social que está se consolidando, o *part-time farmer*, que seria o agricultor que combina atividades agrícolas com não-agrícolas, como turismo, lazer. A gente queria saber se você acha que, se tivesse um incentivo por parte do poder municipal fomentando o surgimento desses novos atores, conteria a dispersão do crescimento

urbano? E como a legislação lidaria com eles? E quais seriam as possíveis políticas de incentivo municipal para que isso acontecesse? É, a gente tem um problema aí. As políticas agrícolas, em geral, incentivam o rural. Então, para ter atividade agroecológica em São Paulo, no último Plano Diretor, veio um conjunto de agricultores e eles falaram "olha, a gente quer ser rural, porque aí a gente consegue ter verba rural para fazer agricultura urbana". É louco, mas é assim. Tem políticas urbanas que poderiam ajudar os produtores agroecológicos a serem incorporados na cidade. Essas políticas são, por exemplo, comprar merenda. Já tem obrigatoriedade de você comprar os produtos agroecológicos e principalmente os perecíveis, alface, salada, vegetais. Já existe essa regulação. E isso é super bom para você manter essa dinâmica. Mas uma coisa é manter produção agroecológica e outra coisa é combinar uma produção agroecológica com usos urbanos e ganhos urbanos para a família. Como você faz essa combinação? O Graziano acreditava nas chácara, mas eu não. Eu vejo as chácaras muito poluidoras. O Graziano escreveu isso e para mim é muito importante para os anos 90. Aí está a dica. Você precisa ter usos urbanos ou ganhos urbanos associados. Eu aposto muito no turismo, aposto muito nessas profissões que são virtuais.

Eu tenho um amigo, por exemplo, que vende orgânicos virtualmente. Então, ele articulou vários orgânicos e tem um site, e a maior venda dele é pelo site. Então ele pode morar no lugar, entendeu? Porque ele vende pelo site, e não é a fazenda dele que dá recursos, é essa organização em rede cooperada. Isso não é ainda o substituto e acho que o maior desafio está nas metrópoles. Você não consegue alimentar 20 milhões de pessoas com hortas urbanas. Aqui, a produção tem que ser industrial. É uma aglomeração numa escala que não dá conta. Se cada um se alimentar de uma fazendinha, a gente teria que ter um anel de pequenas propriedades muito grande. Então, ainda não é uma opção à metrópole. Mas é uma opção para as cidades não-metropolitanas. O país nasceu monocultor explorador. Existe uma relação colônia-metrópole com Portugal e a gente explorou nossas terras. Foi assim no café, agora com a cana, com laranja, com soja. A mudança seria muito radical e a gente não está preparado. Os mais pobres comem muito mal, precisam se envolver muito.

Eu fui para a periferia de Moçambique, na África, onde eles fazem hortas em todas as áreas que sobram. Cada família tem o que eles chamam de machamba, que é uma horta. O lote mínimo, mesmo que precário, o que seria a nossa favela, tem 300 m². Em cada lote mínimo desse, eles têm uma horta, uma galinha. Trata-se de uma vida que pode ser considerada semi rural. Você anda pelas estradas, como nos canteiros da Bandeirantes, e tudo está coberto de horta! Eles se apropriam do espaço. Mas, ao mesmo tempo quem vamos até lá e achamos uma maravilha, eles estão estudando o Brasil para ser monocultor.

A gente vai ter que mudar muito o modelo para a agricultura familiar ser uma opção. Acho que [esse modelo] deve se articular com usos urbanos, associado a padrões agrícolas e turísticos que vão criando um cinturão mais interessante. Mas isso vai demorar para ser uma solução para metrópole. Mas poderia começar já com cidades pequenas, o que não acontece.

Obrigado, Paula!

"A resistência popular organizada é insubstituível para o avanço democrático da sociedade. Nada pode fazer a sociedade ser mais democrática do que a resistência popular organizada que luta por direitos e cidadania constantemente."

andré dal'bó da costa

Entrevista realizada por
Alessandra Silva, Camila Torato e Helena Monteiro

Levando em consideração o atual programa de provisão habitacional, o Minha Casa Minha Vida - MCMV, e suas deficiências em relação aos projetos, você acredita que os usuários poderiam influenciar de forma positiva para a elaboração e construção de melhores moradias?

Hoje, em 2017, já é possível entender bem o que foi o Programa MCMV. Existem inúmeras dissertações, teses e projetos de pesquisa já realizados e disponíveis para consulta, a maior parte no campo da arquitetura, do urbanismo, e do planejamento urbano, mas também no domínio de outras disciplinas como economia, geografia, sociologia, ciência política, ou mesmo interdisciplinares. É uma riquíssima e recente bibliografia, que discute não só o programa em si mas que revela a produção das cidades durante a vigência do programa (ver por exemplo as teses de doutorado de Lucia Shimbo, Thais Rosa e a publicação *Minha Casa... E a cidade?*).

Eu gostaria de começar destacando dois pontos. O primeiro é sobre os dois momentos em que o Estado brasileiro tentou produzir habitação em larga escala para população de baixa renda, população essa que em toda história do país esteve privada de acessar a moradia adequada. Então, se pensarmos o Estado como instituição que deveria prover e garantir os direitos fundamentais e a cidadania, incluindo o acesso à moradia adequada, temos dois momentos bem delimitados na história do Brasil: o período do Banco Nacional de Habitação – BNH (1964–1986) e o MCMV (2009 até hoje). Ambos os programas fracassaram do ponto de vista da ampliação do acesso ao direito à moradia, promovendo pelo contrario, outros interesses restritos e privados. O BNH acabou por produzir habitação para as faixas intermediárias de renda, não contemplando a população mais pobre, e, portanto, reproduzindo e reiterando a desigualdade estrutural da nossa sociedade no espaço. Já o MCMV, ao contrario, conseguiu produzir habitação [também] para os mais pobres, só que produziu errado: os conjuntos habitacionais estão geralmente muito longe dos centros urbanos e, portanto, das vagas de emprego e das infraestruturas e serviços urbanos. Em síntese, é possível afirmar que o MCMV foi o primeiro programa público, na história do Brasil, que produziu habitação para a população de baixa renda. Porém as casas são de péssima qualidade e muito mal localizadas. O segundo diz respeito à concepção do programa. O MCMV foi concebido com alguns objetivos muito bem definidos, dentre eles o de atender o interesse de um grupo restrito de grandes construtoras privadas nacionais, portadoras de grande reserva de terras e, naquele momento, em vias de abertura de capital na bolsa. Estas construtoras finalmente viriam a receber um enorme volume de dinheiro público para produzir casas de péssima qualidade e garantir seus lucros gigantescos. E tudo isso aconteceu no momento da crise financeira de 2008, explicando ainda mais as decisões do governo daquele momento, que esperava com o programa, contribuir para a amenização da crise.

Considerando tais condições, seria preciso pensar sobre os limites das possibilidades de produzir bons projetos e boas construções em um programa totalmente equivocado. Eu diria que elas tendem a zero, apesar dos esforços.

Para discutirmos um pouco mais uma questão de fundo que está relacionada à pergunta de vocês, eu colocaria a crítica do programa MCMV sob a perspectiva de uma sociedade neoliberal, onde o próprio Estado, mais do que nunca, passa a ser o grande responsável por promover as intenções dos mercados, garantindo sobretudo os interesses privados, mesmo sendo eles o de uma oligarquia historicamente privilegiada, como no Brasil. E, em conjunto, agindo para minimizar os demais possíveis conflitos sociais, seja de forma negociada, seja de forma violenta e mesmo às custas da nossa frágil e recente democracia. De forma geral, no neoliberalismo atual, os mercados privados não atuam livremente sem a intervenção do Estado. Muito pelo contrário. O Estado mesmo assume uma função central para manter o funcionamento dos mercados, socorrendo-o e ampliando-o com recursos públicos quando preciso e, em paralelo, minimizando os conflitos sociais que impeçam sua reprodução contínua. Mais do que isso, para além da relação estrita entre Mercado e Estado, o atual caráter do neoliberalismo pode ser definido pela generalização de uma racionalidade política que estende sua lógica à toda sociedade (como nos dizem Christian Laval e Pierre Dardot, no livro *La nouvelle raison du monde*). Ou seja, nós mesmos nos relacionamos uns com os outros, de forma generalizada, baseados em códigos que nasceram da forma empresa, como por exemplo a competição generalizada, o cálculo constante de riscos e benefícios, e um certo auto-empresariamento das nossas vidas. Isso acontece e se legitima na sociedade por meio de técnicas, discursos e práticas institucionais as quais teriam produzido, portanto, uma subjetividade empresarial marcada pela competitividade. Essa subjetividade garante o pleno funcionamento do capitalismo na sua forma atual, porque estamos todos intimamente imersos na mesma lógica.

Nesse contexto, o MCMV me parece um exemplo muito bem acabado de como um Estado pode, através de algo denominado *política pública*, ao mesmo tempo promover o interesse privado dos grupos oligárquicos e também pacificar os conflitos e as emergências sociais. Em sua vigência, o MCMV garantiu os interesses das construtoras, por um lado, e, por outro, controlou grande parte dos conflitos de terra urbana, oferecendo algumas migalhas para manter os movimentos sociais ocupados.

Chegamos finalmente à questão de vocês. Existe uma parte do MCMV chamada Entidades, onde as associações controlam a produção dos conjuntos habitacionais. Nessa modalidade, hipoteticamente, haveria possibilidade de produzir melhores projetos de arquitetura e melhores habitações, garantido por menores taxas de lucro aliadas à participação direta do morador. Sobre o MCMV–Entidades é preciso ressaltar que a quantidade de recursos do programa geral destinada a esta modalidade é ínfima, algo em torno de 3% do total. Além da quantidade restrita de recursos, é preciso destacar também que as construções do MCMV–Entidades encontram inúmeras dificuldades durante seu desenvolvimento, o que alonga muito o tempo de execução da obra. Nesse aspecto, o MCMV é muito mais um instrumento de reprodução do capital aliado à pacificação do que um programa de construção de boas habitação. Então, quando observamos todos estes aspectos, fica difícil achar que o MCMV é um programa habitacional ou mesmo que exista possibilidade para uma influência positiva e em escala dos usuários capaz de atacar o déficit habitacional brasileiro de forma adequada. Após 7 anos de existência do programa MCMV, o déficit habitacional aumentou em quase todas as regiões metropolitanas do Brasil.

Mudando um pouco o assunto, você acha que as assessorias técnicas contribuem para uma participação popular maior e para um melhor resultado dos projetos?

Sim, acho que as assessorias técnicas conseguem produzir habitações melhores, quando incluem os futuros moradores nos processos de concepção, decisão e até mesmo de execução do projeto. Pelo menos é isso o que acontece quando comparamos uma obra de habitação para baixa renda executada pela parceria entre moradores e as assessorias, com uma obra da mesma natureza executada por uma construtora tradicional. Apesar disso é preciso perguntar o que mais significa e o que mais opera a condição de *participação*, neste caso específico do mutirão autogerido. A questão que me parece mais interessante aqui, seria de nos perguntarmos sobre os limites deste modelo que alia mutirão e autogestão em uma sociedade como a nossa que é profundamente desigual. Nessa sociedade desigual, a alternativa de se engajar em um processo de mutirão por autogestão apareceria para a maior parte da população, não como uma opção, mas como única saída. Quero dizer que, afirmar o ideal de um modelo que precisa da exclusão para funcionar, seria equivocado. Este modelo não deve ser pensando em hipótese alguma como norma, como programa pleno, mas sim como exceção, caso contrário este modelo se tornará perverso.

Eu diria que num contexto onde existem recursos públicos destinados à produção da habitação para população de baixa renda, bastaria que se restringisse as construções aos terrenos bem localizados, em áreas providas de infraestrutura e serviços adequados, impedindo a segregação social no território. Junto a isso, a realização de concursos de projeto garantiria a maior qualidade. É assim que funciona em vários países. Por que não poderia ser assim aqui?

Ainda sobre assessorias técnicas, acho importante situar que, no domínio da arquitetura e do urbanismo convencionou-se chamar de *assessoria técnica* uma forma de atuação de um grupo de profissionais, geralmente de maioria de arquitetos urbanistas, que dedicam seu trabalho à parte da população mais pobre, a qual de outra forma não teria acesso à arquitetura e urbanismo. Essa forma de atuação foi muito forte na década de 1990, quando vários profissionais da arquitetura e do urbanismo buscavam uma arquitetura possível para a periferia ou para a população mais pobre. Esta tentativa de reposicionamento da atividade do arquiteto, junto com os processos de redemocratização do país, nutriram naquele momento muitas esperanças e possibilidade de melhoria urbana, produzindo em muitos casos habitações de boa qualidade e seguramente superiores às convencionais autoconstruções produzidas nos fins de semana, ou às construções decorrentes dos poucos programas públicos dedicados a este fim.

Ainda sobre a *participação*, e para concluir essa resposta, acho que esse é o ponto mais interessante da pergunta. A participação radical, para além do canteiro, aplicada a qualquer processo de interesse coletivo, público, me parece hoje uma das saídas para os limites postos pelo capitalismo atual ao nosso modelo de estado--nação de democracia representativa, claramente em crise. A participação comum, como processo de tomada de decisão e divisão de corresponsabilidade, pode ser tomada como um princípio político de grande potência para reinvenção e renovação da democracia, desde que seja instituinte.

Você acha que teria alguma forma de efetivar essa participação? A gente já comentou muito sobre isso, mas você tem alguma esperança?

A gente só tem esperança daquilo que é possível. Sim, eu tenho esperança e acho que os processos de participação, engajamento e decisão, pelo menos aqueles que sejam instituintes de novas formas de corresponsabilidade e co-ação, radicalmente democráticos, e que tenham em sua potência a possibilidade de alteração da instituição Estado, podem nos levar a novos e possíveis horizontes sociais. Muitos processos de luta e de resistência têm recorrentemente atuado desta forma. Se a gente olhar para a história, vamos ver que foram as ações de resistência e de luta que levaram à ampliação do acesso aos direitos humanos. Não é o Estado que, em sua forma conservada em um determinado momento, decide reformar e produzir melhorias duradouras, mas a insurgência popular que altera o Estado e produz algum avanço social democrático. A resistência popular organizada é insubstituível para o avanço democrático da sociedade. Nada pode fazer a sociedade ser mais democrática do que a resistência popular organizada que luta por direitos e cidadania constantemente. Para voltarmos à origem da pergunta, me parece que a radicalização democrática e participativa dos processos decisórios e de gestão da sociedade é o único horizonte possível para superarmos o capitalismo, que se não for superado, ou radicalmente alterado, muito provavelmente destruirá toda a sociedade, ou pelo menos a maior parte dela. Essa participação esta evidentemente muito além dos domínios da arquitetura e do urbanismo.

Ainda sobre a assessoria técnica, você acha que ela seria um agente que teria acesso às camadas de baixa renda, associadas aos movimentos, de forma a explicar melhor as questões políticas e econômicas envolvidas nesses movimentos?

Nem todo profissional que atua na periferia ou mantém algum tipo de relação com os Movimentos Sociais de luta por moradia se enquadra ou se reconhece necessariamente pela forma *assessoria técnica*. Ela é um tipo específico de atuação – que eu particularmente admiro e reconheço como fundamental para a história da arquitetura recente no Brasil –, mas existem ainda muitas outras diversas formas de lidarmos com arquitetura e urbanismo, com os movimentos sociais e com a política. Sugiro então deixarmos o campo da imaginação livre, senão, ao invés de criarmos através do debate, correríamos o risco de restringirmos nossas ideias por enviesamento amostral e assim estaríamos eternamente discutindo e reproduzindo uma categoria dentro dela mesma. Então, para responder esta pergunta, peço licença para sugerir uma alteração na própria pergunta: posso trocar o termo "Assessoria técnica" por "Arquitetura e urbanismo"? Assim, o sentido da pergunta passa a se referir pelo menos a toda à disciplina, caso contrário, eu não poderia respondê-la.

Então, sobre o aspecto político, eu posso dizer que, antes de mais nada, eu devo muito da minha formação aos movimentos de resistência, principalmente os de luta por moradia. Quando eu estava na graduação da Unicamp, assim como vocês, eu e mais uma porção de colegas e amigos, incluindo o professor Eduardo Costa, formamos o Grupo Risco e, através dele, nós nos embrenhamos no meio de vários movimentos de luta por moradia, mais ou menos entre os anos de 2004 e 2009. Dali em diante, eu mantive contato constante com pelo menos um movimento de luta por moradia. Isso passa diretamente pelas minhas pesquisas, de mestrado, e agora de doutorado.

Quando eu digo que eu devo muito da minha formação a este encontro com os movimentos de luta por moradia, isso é muito diferente de eu me entender como um especialista que vai até estes lugares levar um conhecimento adquirido e assim promover alguma formação. O que acontece de mais interessante é justamente quando conseguimos levar um conhecimento acadêmico, uma reflexão sobre o conflito, e lá no conflito colocar todas essas coisas em transformação, de forma que seja possível deixar algo, retornar com algo, e manter isso em movimento. Se no fim das contas estivermos contribuindo com a resistência popular, já valeu. É o que eu penso pelo menos.

Hoje, por exemplo, eu acompanho a coordenação da ocupação Vila Soma em Sumaré, e seria impossível dissociar esta atuação da minha pesquisa de doutorado. É um movimento de pesquisa e militância ao mesmo tempo. Assim, pensando na nossa atuação como arquitetos urbanistas, a gente tem sim muito a contribuir, e a arquitetura e urbanismo pode ser tomada como uma disciplina política no sentido de que ela não só lida com soluções tecnológicas, mas lida e tenta compreender, acima de tudo, as cidades, o que inclui inevitavelmente os conflitos da sociedade que se expressam no território. O conflito da cidade, o conflito de interesses e tudo isso faz parte do processo criativo do nosso ofício.

Aproveitando o tema da Vila Soma, existe uma importante argumentação em seu trabalho de que ocupação não seria exatamente um instrumwento de conquista da habitação ou mesmo da terra, mas sim uma ferramenta de persuasão, para que o Estado passe a incluir os excluídos na sua agenda política. Gostaríamos que você comentasse um pouco mais sobre isso, indicando, através do exemplo de Sumaré, contradições desse processo e apontando se essas estratégias dos participantes dos movimentos estão cada vez mais aperfeiçoadas e de que forma isso está ocorrendo.

Há uma noção que nos ajudaria bastante a entender o cotidiano das relações de força originadas em torno do conflito de terra urbana, que, por sua vez, determina a produção do espaço na cidade (devo a noção a minha orientadora Cibele Rizek): é impossível definir um limite exato entre Movimento Social, o Estado e o Mercado.

Quando observamos o cotidiano mais de perto, as trajetórias de força, estes limites se embaçam. Quero dizer que fica muito difícil delimitar de onde parte e como se influenciam as forças que aparentemente pertencem em reconhecimento a cada um destes grupos. Por isso, o Movimento social não é uma força que está acima de influências, contradições e transformações constantes. Muitas vezes, os movimentos de resistência se tornam projetos de acumulação de forças de seus dirigentes, e se distanciam muito de seu caráter emancipador fundante. É muito comum, por exemplo, uma liderança de origem popular ser afetada por alguma possibilidade de assumir um cargo dentro da instituição do Estado.

Mas os casos de movimentos que desviam, digamos, de sua intenção emancipadora fundante é muito menor do que pode parecer, quando acompanhamos estes casos a distância. A sociedade brasileira em geral, a mídia e a produção de opinião pública, atuam comumente para criminalizar os movimentos sociais e as lutas populares, conservando os privilégios. Grande parte da sociedade recebe essas ações dessa maneira. Como arquitetos e urbanistas é preciso dizer, repetir e explicar incansavelmente, que em nenhum momento de toda a história do Brasil a terra esteve acessível de forma legal e regular para a maior parte da população. Isso quer dizer que a maior parte da população teve que dar um jeito para morar em algum lugar, e que, em termos de distribuição de terras, nós estamos muito mais próximos das capitanias hereditárias do que imaginamos.

O arquiteto urbanista precisa ter consciência da estrutura histórica de terra no país, da evolução das instituições, das leis e eu acho que a gente tem o dever de legitimar os movimentos sociais quando eles atuam de forma coerente. Legitimá-lo enquanto um sujeito coletivo que está na cidade e que está atuando pelo fortalecimento da democracia. É preciso escancarar o quanto a sociedade brasileira é desigual e o quanto as ocupações são formas legítimas de luta. A ocupação, na verdade, é uma forma de [a população pobre] ser ouvida e vislumbrar alguma cidadania.

Para concluir, voltando a fazer referência à primeira parte da resposta, cito um caso concreto: atualmente, como parte da pesquisa de doutorado, eu tenho comparando três casos de ocupações: a ocupação Zumbi dos Palmares, em Sumaré; o Pinheirinho, em São José dos Campos, e a Vila Soma, também em Sumaré. Os três casos têm trajetórias muito diferentes umas das outras. Por exemplo, no Zumbi dos Palmares, a negociação aberta com os órgãos públicos e o mercado resultou na construção de um conjunto habitacional através do programa MCMV, via uma construtora convencional de mercado. Já no Pinheirinho ocorreu um despejo extremamente violento, com inúmeras violações de direitos básicos, mesmo havendo um quadro de forças e negociações muito semelhante ao caso do Zumbi dos Palmares. Na Vila Soma, que eu acompanho atualmente, a reintegração de posse já foi suspensa 16 vezes, e finalmente chegou ao Superior Tribunal Federal, que a suspendeu por tempo indeterminado. Este, por exemplo, é um fato inédito na história das lutas de moradia. Os casos de reintegração de posse nunca chegam na esfera máxima da justiça brasileira. Os processos jurídicos se resolvem nas câmaras cíveis locais, nos âmbitos locais da justiça, e, por isso, estão muito suscetíveis a um arranjo de forças locais. Dá para afirmar que existe uma influência fundante das forças locais do território sobre sua produção. O caso da suspensão da reintegração de posse da Vila Soma pelo STF aparece como se, num pequeno suspiro, a justiça brasileira funcionasse por um instante ao menos, para promover direitos elementares e cidadania. Em todos os outros momentos, ela atua para manter os privilégios oligárquicos. Então, esses três exemplos mostram como a disputa está aberta, não tem nada determinado fundamentalmente e nem mesmo nos intervalos de representações. Temos que disputar os sentidos de produção da cidade.

A gente queria te ouvir sobre o envolvimento dos diferentes agentes nesse processo, se eles estão diretamente relacionados e de que forma os movimentos sociais atualmente estão reagindo. No seu texto [*Luta social e produção da cidade*], chega um momento em que você faz uma listagem de diversos valores que mudaram em relação aos movimentos sociais, como a mídia. A gente queria que você dissesse se eles estão diretamente ligados e de que forma o movimento social reage a isso?

  É possível delimitar algumas diferenças entre o que eram os movimentos da década de 1980 e o que são eles hoje. Para o sociólogo Eder Sader, durante o fim dos anos 1970 e início dos anos 1980, que pela primeira vez emergem expressões coletivas autônomas dos pobres do Brasil, para reivindição direta da cidadania no contexto urbano. Estes grupos vão se organizar na periferia da metrópole, para reivindicar transporte, saúde e creche por exemplo. Esses grupos se organizaram em torno daquilo que o Eder chamou de centros de referência, que eram para ele: a *Teologia da Libertação* das Comunidades Eclesiais de Base da Igreja Católica, os novos sindicatos, e o que seriam algumas das primeiras forças convergentes em torno da fundação do Partido dos Trabalhadores. Hoje, nós poderíamos dizer por exemplo que a Igreja Católica e sobretudo as Comunidades Eclesiais de Base desapareceram das periferias, sendo geralmente as igrejas pentecostais e neopentecostais que têm diálogo com os mais pobres no campo religioso. Daria para destacar também a figura do crime, que não tinha essa força toda na virada da década de 1970 para 1980 na periferia. As periferias são hoje lugares muito mais violentos, o crime e a polícia matam muito mais hoje do que há 37 anos atrás. Isso reduz, para não dizer que bloqueia, a situação de troca e solidariedade nos espaços não privados das periferias. Até na música podemos notar mudança. O RAP socialmente contestatório, nascido nos anos 80, deu, em grande parte, lugar ao funk ostentação, música que canta o luxo e o consumo como significado da prosperidade e do sucesso. Então, tem um deslocamento fundamental para um individualismo, que é também parte da subjetividade neoliberal. Não é só a relação territorial da periferia com o centro, não é só relação do Estado com o Mercado, mas, antes de mais nada, a sociedade como um todo que mudou profundamente. O que eu entendo hoje é que existe uma sociabilidade disseminada mundialmente determinada por uma subjetiva neoliberal. Muito mais do que uma relação entre pessoas, entre indivíduos em sociedade, existe a produção do indivíduo, ele mesmo como um sujeito neoliberal.

Queríamos debater uma questão mais teórica sobre as pesquisas de habitação no Brasil. Você faz uso de documentos que não são usuais para a academia, como as atas de reuniões com o Ministério Público. Você acredita que esse uso que você faz desses documentos não usuais pode contribuir para um maior entendimento desse cenário atual da habitação, que conta com novos instrumentos para manter a velha segregação?

Na verdade, sem perceber muito bem, eu fui juntando e arquivando a documentação de muita coisa relacionada aos 3 conflitos que acompanho, independente da natureza do documento. Algumas gravações, atas de reuniões, vídeos de manifestações, e documentos dos processos jurídicos acabaram me dizendo muita coisa e eu acabei usando como elemento para explicar a trajetória das ocupações. É como se os documentos mais ou menos alinhados e empilhados na ordem do tempo me ajudassem a contar a trajetória destas ocupações. Dentre estes documentos todos, eu posso citar um do processo da Vila Soma que é um habeas corpus da comandante da polícia que estava encarregada de realizar o despejo da Ocupação. O que tem nele de muito atípico é que esse habeas corpus foi demandado pelo comandante máximo da policia, para sua autopreservação, caso o mesmo decidisse não atender a ordem do Estado, no caso do governador do Estado, em sequencia à ordem judicial. Esse documento representa o momento exato em que o conflito da Vila Soma produz uma espécie de curto circuito no Estado e suas forças que incidem diretamente sobre a produção e o controle do espaço, deixando claro que mesmo as forças mais repressivas, autoritárias e centralizadas podem entrar em divergência e conflito. Ou seja, mesmo os poderes que recorrentemente tendem para uma mesma ordem de produção hegemônica do espaço, às vezes, entram em conflito. Então, juntar documento, contrastar com dados do IBGE, tudo isso me ajuda a investigar.

Obrigada, André!

"É na ocupação do território que você observa como a atuação do Estado acontece de fato. É nessa contradição que você percebe as dificuldades de se fazer uma cidade democrática em um sistema capitalista: a lei e a prática na vida cotidiana estão super distantes."

diana
helene

Entrevista realizada por
Letícia Nunes, Marina Corona e Raissa Rodrigues

Sua tese *Preta, pobre e puta* tem características bastante próximas à etnografia e à antropologia, incluindo entrevistas com as prostitutas do bairro e, muitas vezes, relatos e experiências pessoais que teve em visitas de campo. Como essa metodologia de pesquisa entrou na sua trajetória acadêmica? O que a levou a escolher essa abordagem não tradicional para a arquitetura?

Comecei a me aproximar das disciplinas da antropologia quando fiz meu mestrado. Achei muito interessante a metodologia, pois nos aproxima da vida das pessoas, ao contrário dos estudos no campo da Arquitetura e do Urbanismo, quase sempre associados à sociologia ou às abordagens relacionadas a números de massa.

No doutorado, comecei a pesquisa com a Ana Clara Ribeiro, socióloga do IPPUR [Instituto de Pesquisa e Planejamento Urbano e Regional da UFRJ] no Rio de Janeiro, mas ela acabou falecendo. A nova orientadora foi uma antropóloga, a Soraya Simões. Eu a procurei porque ela estudava prostituição, mas também porque poderia me ajudar a fazer uma etnografia. Para mim, isso fazia todo sentido, porque, nesta pesquisa, eu já tinha muita proximidade com o grupo que eu estava estudando, pois eu já trabalhava com as prostitutas antes do doutorado por meio de um projeto de extensão da Unicamp.

Dessa forma, utilizei diversas situações que eu vivi durante meu trabalho com elas. A partir da observação de eventos do cotidiano, você consegue tirar informações sobre toda a estrutura da sociedade que compõe aquela situação. Desses pequenos eventos, você pode ver como funciona a estrutura maior.

Como a academia recebe sua metodologia, que inclui relatos e experiências pessoais, com traços etnográficos?

Olha, na banca do mestrado, tinha um antropólogo, o Heitor Frúgoli, uma arquiteta da FAU, Clara Kaiser, e o meu orientador, Csaba Déak, que era arquiteto também. O pessoal de arquitetura não gostou muito da parte da etnografia e o antropólogo não gostou muito da parte da arquitetura/urbanismo [risadas]. A minha banca foi difícil. No doutorado, eu fui pro IPPUR, porque eu via que este instituto tinha uma 'pegada' mais interdisciplinar. O IPPUR é um instituto independente, formado por professores de diversas áreas do conhecimento. E a minha banca de doutorado, ao contrário do mestrado, foi ótima, e o trabalho foi bastante elogiado, indicado para publicação e para premiação.

Uma coisa que elogiaram foi essa tentativa de se colocar o tempo inteiro dentro da pesquisa. Porque parece que na 'ciência' o pesquisador sempre se esconde, coloca o texto em terceira pessoa, simulando como se ele estivesse fora do contexto. Mas é importante você sempre analisar e problematizar a sua inserção naquele meio que será seu objeto de análise. Porque, inevitavelmente, você vai mudar o espaço que você pesquisa a partir do momento que você se insere nele. Então, tem que problematizar essa inserção mesmo, porque não é uma inserção qualquer. É um dos problemas de quando você faz uma entrevista isolada, por exemplo. A pessoa sempre 'atua' durante uma entrevista. Ela pode, por exemplo, tender a responder o que você tem intenção que ela responda, o que não quer dizer que corresponderá de fato como são as coisas.

Você traz pontos de vista distintos, versões oficiais e não-oficiais sobre a criação do Bairro Itatinga. Citando o livro *Trabalho, Lar e Botequim* do Sidney Chalhoub, você afirma que "o importante não é 'desvendar' uma 'verdade' sobre como aconteceu o processo, mas sim entender 'como se reproduzem e se explicam as diferentes versões que os diversos agentes sociais envolvidos apresentam para cada caso". Gostaríamos que comentasse sobre essa metodologia e a importância da veracidade desses relatos e como o Chalhoub te influenciou na sua pesquisa.

Quando eu me deparei com isso, foi super interessante, porque a gente acha que vai descobrir uma 'verdade' durante a pesquisa. E eu mostrava para elas os documentos e plantas do loteamento e elas falavam: "Não, mas é esse terreno a primeira casa!", "Está errado", "Não foi nada disso", etc. Eu ia ver os documentos da Prefeitura e o primeiro lote ocupado era em outro lugar. Quando eu li esse texto do Chalhoub, achei super interessante, pois era uma crítica a essa ideia de que a ciência é a 'verdade'. Isto é, tem uma pessoa, de carne e osso, que está pesquisando e ela tem acesso a certos dados. Não quis deixar [na pesquisa] nenhum ponto de vista em evidência, como se fosse o mais importante, mas quis mostrar como, no pioneirismo [quem chegou primeiro no bairro] sempre vão ter pessoas disputando verdades.

O papel do Estado como definidor do lugar das prostitutas é bastante presente em sua pesquisa. O poder público faz uso seletivo do argumento de legalidade tanto para estigmatizar essa parcela da sociedade e justificar a remoção dos locais indesejados quanto para legitimar a criação dessa 'Zona planejada' que é o Jardim Itatinga. Como se explica o fato do poder público utilizar de argumentos legais para justificar a remoção desta atividade da região central, mas, ao mesmo tempo, ignorá-los ao induzir a prática da prostituição em uma região periférica, no caso do Itatinga?

Esse tipo de atuação do Estado tem base numa ideia da prostituição como um 'mal necessário'. Um dos argumentos principais para a criação do Itatinga, segundo Regina Mazzariol, é que, apesar de a prostituição ser vista como 'um mal', a sociedade precisa dela para que os homens "não fiquem violentos", pois eles precisam "saciar os seus desejos".

Quanto às políticas com relação à prostituição, elas se dividem em três tipos de sistemas de leis. Dentre esses, tem o *regulamentarismo*, que é baseado na ideia de 'mal necessário', do qual o principal pensador é o famoso higienista Parent DuChatelet, que é o criador do sistema de *maisons closes* em Paris. Um sistema no qual as mulheres eram fichadas, controladas pela polícia, obrigadas a realizar um exame regular de saúde e, se estivessem "fora do padrão", eram presas. Esse é o *regulamentarismo*: a prostituição acontece, mas é super controlada pelo Estado.

Além dele, tem o *abolicionismo*, que é o sistema adotado oficialmente pela maior parte dos governos atualmente. Ele é baseado na luta das feministas abolicionistas, que são contra a prostituição. Elas defendem que a prostituição não é culpa das mulheres, elas são vítimas do sistema patriarcal. É um sistema que não pune a mulher, mas também não quer que a prostituição aconteça. Por último, tem o *proibicionismo*, que proíbe completamente, como nos Estados Unidos. Lá a prostituição é completamente proibida. A mulher é presa, ela é incriminada.

No Brasil, que é oficialmente *abolicionista*, como é que é? O que não é crime é a mulher que se prostitui e o cliente da prostituta, todo o resto todo é criminalizado. O problema do *abolicionismo* é que ele faz com que tudo, no entorno do trabalho da mulher prostituta, seja crime. No fundo, ela acaba sendo levada a viver um trabalho marginal, a se submeter a redes que são ligadas ao crime organizado, como acontece no Itatinga.

O que eu falo na minha tese é que, apesar do Estado brasileiro ser oficialmente *abolicionista*, na prática, ele funciona como *regulamentarista*, porque pensa a prostituição como um 'mal necessário'. [O Estado] persegue a prostituição nos lugares onde não quer que ela aconteça, geralmente lugares onde está acontecendo um processo de valorização imobiliária e deixa acontecer em certos lugares da cidade. No caso de Campinas, criaram um lugar específico para isso, foi um espaço planejado. É um exemplo que não existe no resto do Brasil.

A chamada *repressão seletiva*, que é um termo de Nicolas Paris, acontece em muitas zonas de prostituição no mundo, que são oficialmente *abolicionistas*, mas acabam atuando de forma *regulamentarista*. Tudo isso acarreta que a prostituição ocupe lugares marginais, que na maior parte das vezes, a polícia sabe o que está acontecendo só que 'fecha os olhos' para as atividades prostitucionais em certas regiões, exatamente para que essas formas não aceitas de atuação na sociedade não ocupem outros locais da cidade.

Se a gente pensar em relação ao urbanismo, no caso de Campinas, o que eu coloco nessa tese é que essa forma de atuação do Estado funciona muito parecida com a ocupação ilegal de terras. Quando se industrializou Campinas, era preciso um lugar para toda aquela gente morar. Mas o salário era muito baixo, não ia dar conta do aluguel no mercado formal. Foi então que o Estado fechou os olhos para a ocupação ilegal de terras numa certa parte da cidade. Que, por acaso, é na mesma região onde está o Itatinga, a parte sudoeste da cidade de Campinas. É na ocupação do território que você observa como a atuação do Estado acontece de fato. É nessa contradição que você percebe as dificuldades de se fazer uma cidade democrática em um sistema capitalista: a lei e a prática na vida cotidiana estão super distantes.

Muitas vezes, os grupos segregados, marginais, acabam buscando outro poder que o acolha. O Estado pode ser considerado cúmplice ou, de certa forma, responsável pela atuação do Primeiro Comando da Capital -PCC- atualmente na região do Jardim Itatinga, visto que o próprio poder público permite a existência de um bairro invisível aos olhos da lei, deixando-o suscetível ao tráfico de drogas e outras atividades marginais?

Pergunta complexa! [risadas]. Ele é cúmplice! Totalmente cúmplice! Eu até falo sempre para os meus alunos: a gente escuta as pessoas falarem "ah, o problema das nossas cidades é que cresceu de forma desordenada". Mas não tem desordem, tem uma ordem. É um Estado, que sabia que as pessoas não iam ter como pagar uma habitação no sistema regular, com o salário baixo que eles recebiam. E o Estado não exigiu das indústrias que pagassem um salário maior, porque eles queriam industrializar rápido o Brasil. Eles sabiam que as pessoas não iam conseguir pagar uma moradia no mercado formal. Então, não tem desordem. É uma ordem negligente em relação a esses problemas.

Na questão da prostituição, a mesma coisa. O Estado não tem interesse em bancar a prostituição como um trabalho legal. Ele é um Estado permeado de valores morais e não banca outras coisas, como a descriminalização do aborto, por exemplo, que também é um estigma enorme. Não tem interesse em bancar isso, porque é um Estado culturalmente ligado a valores conservadores.

O interessante de Campinas é que a 'zona' foi planejada, mas a concentração da prostituição no mesmo lugar acontece em qualquer cidade. Não sei de que cidade vocês são, mas, com certeza, deve existir um lugar onde a prostituição acontece, onde o po-der público 'deixa rolar', enquanto que em outros lugares o mesmo poder público persegue a atividade. O Estado está compactuando com tudo isso. Essa é uma das mil coisas que ele faz existir por 'não fazer', e é na ocupação do território que você pode observar isso claramente.

Você trata da expulsão das prostitutas e da população marginal da região central [de Campinas] que se muda, num primeiro momento, para o bairro do Taquaral. Mas o bairro passou a ser valorizado e requisitado para investimentos, o que motivou a expulsão, novamente, da prostituição, numa ação denominada *Operação Limpeza*, **que teve como consequência a criação do bairro Jardim Itatinga. Da mesma forma que o bairro do Taquaral deixou de abrigar as atividades prostitucionais para se tornar uma das áreas mais valorizadas, você considera**

que o Jardim Itatinga possa vir a ser um bairro destinado a atividades diferentes, mudando drasticamente sua finalidade? Quais seriam as possíveis mudanças no bairro? Para onde iria essa população considerada "desviante"?

Que pergunta interessante! Eu acho que não. Por que eu acho que não? Primeiro porque ele não está em uma região valorizada da cidade. Por outro lado, agora tem o Aeroporto de Viracopos que expandiu quase 60% do seu tamanho e gerou uma modificação no Itatinga. A cidade tem a sua própria dinâmica de valorização, mas a gente sabe que naquela região o Estado não investe, a não ser no caminho até o aeroporto. É a região de Campinas onde tem menos escolas, menos hospitais, menos posto de saúde e acessos de ponto de ônibus. Não tem investimento do Estado nessa região mais pobre.

No primeiro momento, as prostitutas foram para lá [para o Taquaral] por ser uma área descampada, para que a polícia 'não enchesse o saco'. Mas, depois, os agentes imobiliários viram as possibilidades da área e que com as prostitutas não ia dar certo. No caso do Itatinga, acho difícil por causa da região onde ele está e também por causa da constituição dele na cidade. Tem um poder de fixação. É difícil de mudar o Jardim Itatinga. Ele vai ficar lá por muito tempo.

Mas o fato é que não tem legalidade na constituição de um bairro de prostituição. Se fosse natural e se elas [as prostitutas] pudessem escolher, nunca teriam ido para um lugar tão longe, sem acesso. É como fazer um camelódromo onde ninguém consegue acessar. O Estado não mexe na raiz do problema e ainda tem a desigualdade social. As prostitutas vão continuar estigmatizadas; é uma profissão estigmatizada, em meio a uma sociedade moralista e machista.

Traçando um paralelo com as expulsões violentas que ocorreram na *Cracolândia*, como a cidade, o poder público e a sociedade deveriam agir em relação a esses grupos 'desviantes', 'despossuídos' no território das cidades? Como interferir sem expulsar essas pessoas do meio urbano, apenas ocultando o problema, deixando a cidade 'bonita' e a região passível de investimentos e especulação da terra?

Tem várias discussões sobre drogas. Essa não é minha área de estudo, mas conheço alguns estudos que dizem que, antigamente, as pesquisas punham ratos em gaiolas, davam crack e ele viciava, recusando até comida no lugar da droga. Essa era a base para se pensar acerca do vício do crack. Então, um pesquisador disse assim: "Mas esses ratos vivem muito mal, dentro da gaiola. Vou fazer um parque de diversões para o rato." E assim ele ofereceu o crack para o rato nesse parque e comparou com o rato que vive na gaiola. E ele descobriu que o rato do parque de diversões não viciava. Ele preferia brincar na 'ratolândia' do que usar a droga. Agora, o rato que estava na gaiola preferia mesmo o crack. Esse cara mostrou que o ambiente interfere na questão do vício. Então, a *Cracolândia* é um problema de droga, mas também é um problema social. O pessoal que está lá não tem muita perspectiva. A *Cracolândia* é um desses lugares que o Estado fechava os olhos para sua existência e deixava esse tipo de ocupação da cidade acontecer. É igualzinho à questão da prostituição, é igual à ocupação ilegal de terras. É a mesma coisa.

E como que o poder público deveria agir em relação a essas pessoas? E o arquiteto e urbanista poderia fazer alguma coisa para interferir nessa situação?

Tem que mexer na estrutura. Tem que começar a dar educação decente para essas pessoas, trabalho decente, porque também vão trabalhar para ganhar uma merreca. Tem que ter política pública para mudar a situação dos salários, dos empregos. Além disso, a questão das drogas envolve muito moralismo. Seria importante, na minha opinião, dar reais possibilidades de escolha para ver se a pessoa quer ou não continuar usuária de drogas, e, caso seja uma escolha de fato, que ela tenha amparo do Estado para que esta escolha seja acolhida.

No caso da solução urbana é tentar não fazer o que o Dória fez (expulsão violenta dos usuários de crack). Uma solução para esse problema não é possível apenas assim, é uma solução que envolve uma série de outras políticas públicas. No entanto, é importante observar, a partir da ocupação do território, que se não existisse a *Cracolândia* ia ter gente fumando crack espalhado por toda a cidade. É igual à prostituição. Ela acontece isolada no mesmo lugar porque tem intervenção da polícia e do Estado para ela não acontecer nas outras áreas. Ou seja, já que o Estado não tem interesse em resolver esse problema de forma mais ampla, ele 'esconde' essas atividades em alguns lugares da cidade.

Sobre nossa atuação, tem essa coisa utópica do arquiteto achar que sozinho pode 'mudar o mundo'. O caso da *Cracolândia* é legal porque mostra muito isso. Não é só uma questão de intervenção urbana. É mais do que isso. Como nas favelas, que é mais fácil de entender. Você pode ter a maior boa vontade do mundo, dizer: "Nossa, eu vou fazer uma coisa super legal, vou fazer um teleférico que vai até o topo da favela, as pessoas vão poder subir bem mais fácil." E o que acontece quando você leva essas infraestruturas? Valoriza economicamente a área. Ele [o morador da favela] vai ter que sair, porque fica caro morar ali. Se todos os bairros tivessem a mesma infraestrutura não tem porquê eu morar em Higienópolis ou no Capão Redondo. Só que não faz sentido para a sociedade capitalista, que precisa se situar entre a escassez e a abundância.

A gente tem que atuar fora das intervenções urbanas do Estado, porque elas são uma das maiores formas de valorizar a terra.

Considerando a constatação da Melissa Farley de que "[...] a prostituição é uma pedra angular da cultura do estupro. As culturas de estupro normalizam a objetificação e a mercantilização de mulheres com o sexo e culpam as vítimas por sua própria vitimização." A prostituição não seria também uma imposição da sociedade à mulher, que tem o seu corpo visto como objeto de consumo?

Eu não conheço essa escritora, mas, pelo o que vocês estão falando, ela deve ser uma feminista *abolicionista*. E dentro do feminismo têm as prostitutas *abolicionistas*, que pensam que a prostituição é um estupro e não existe consentimento possível quando se tem dinheiro envolvido com sexo. Mas existe um feminismo que não é *abolicionista*. Não é que seja a favor da prostituição, mas ele não encara a prostituição como um estupro. Ao contrário, ele acha que o problema não é a prostituição em si, o trabalho sexual em si, mas sim a maneira como o sexo e o papel das mulheres são encarados na nossa sociedade. Talvez pudesse existir essa profissão em uma sociedade não machista, mas a gente não tem como saber. Eu acredito que o problema não está no trabalho sexual. O problema é que a nossa sociedade é machista. A prostituição acaba sendo um lugar de muita opressão, de muita violência, mas não tem a ver com o trabalho sexual em si, mas muito mais com o estigma que carrega a prostituta.

A prostituta é o símbolo maior da 'mulher perdida'. Eu trabalho essa questão de como a marcação 'puta' é usada para controlar as mulheres, todas as mulheres, não só as prostitutas. Esse estigma controla que você não possa sair na rua de uma certa maneira, parecendo uma 'puta', por exemplo. Você, mulher, fica a vida inteira se controlando para não parecer uma puta. Esse estigma é um instrumento de controle das mulheres e tem tudo a ver com o patriarcado. Acredito que o movimento das prostitutas é um movimento social, que tenta desconstruir isso. O problema não é o trabalho em si, mas 'como a sociedade me trata, como eu tenho que esconder meu trabalho e não posso contar para a minha família. Eu tenho medo de ser violentada por qualquer pessoa, porque sou prostituta'. Aliás, não é só a prostituta que pode sofrer violência, é qualquer mulher, se ela for encarada como 'puta'.

Se a gente não tivesse uma relação com o sexo como a gente tem, o sexo poderia ser como uma massagem. Mas, na nossa sociedade, o sexo é superestimado. A mulher só vai fazer sexo de boa qualidade com quem 'ela ama'. Tem gente que não quer ter um relacionamento sério. Mas, na nossa sociedade, quem faz sexo com muitos parceiros, se for mulher, claro, vai receber o estigma de puta. Esse texto citado por vocês é de uma pessoa *abolicionista*. A gente pensa diferente, é uma cisão do feminismo. Estou falando do meu ponto de vista, defendendo o que eu acredito e o que eu aprendi com as prostitutas. E o que elas falam é isso: "o problema principal é como a sociedade me trata e não o meu trabalho".

O caminho, na minha opinião, é desconstruir o estigma de puta, o que vai ser bom para todas as mulheres. A mulher que é morta pelo marido e, com certeza, antes de ser morta, foi chamada de puta. O maior instrumento de controle das mulheres é a marcação depreciativa de puta. A desconstrução desse estigma vai ser bom para todas. Não só para as prostitutas. E é nesse sentido que a luta delas deve estar aliada com a luta feminista.

Tendo em vista o livro de Sidney Chalhoub que trata da relação de dominação homem-mulher, na sua opinião, a legalização do trabalho da prostituição pode ser considerada uma forma de liberdade sexual das mulheres, visto que estas têm a posse de seus corpos, podendo utilizá-los da forma como queiram? Ou esta seria apenas uma liberdade ilusória, pois legitimaria a relação de dominação do homem sobre a mulher, visto que o corpo torna-se uma mercadoria, comprovando a sua objetificação?

Eu usei bastante esse texto do Chalhoub. O problema está na sociedade, em como a mulher é tratada. Mas, se a gente pensar em submissão e servidão, tomando a reflexão do Chalhoub, várias prostitutas falam que quem é submissa é a esposa, que 'dá' de graça para o marido. Muitas mulheres dependem do marido. É muito mais difícil para a mulher, do que para os homens ser autossuficiente [no patriarcado]. Para muitas mulheres, o casamento é uma via de sobrevivência, de conseguir bens, de conseguir coisas. Eu encaro o problema como o papel da mulher na sociedade e não o trabalho sexual ou o casamento em si. É difícil, por exemplo, num relacionamento heterossexual, a gente não ter umas discrepâncias de privilégio. A Maternidade [por exemplo] pode ser um enorme lugar de opressão, mas ninguém vai falar para você não ser mãe. É a mesma coisa, é a maneira como essas coisas estão dentro da sociedade patriarcal e capitalista.

Para você, como a sociedade lida com a noção de prazer e com o sexo, diante das diversas mudanças de paradigma que enfrentamos atualmente, principalmente a partir do pós-guerra? Qual a função deste tipo de serviço no contexto da cidade contemporânea?

Existia um mito de que, com a liberação sexual dos anos 60, acabaria a prostituição, porque as mulheres iriam se liberar sexualmente e os homens não pagariam mais para fazer sexo. Só que a prostituição não acabou.

Nossa sociedade ainda é muito calcada nessa construção da mulher entre a puta [o mal] e a esposa e a mãe [o bem, a 'mulher honesta']. E essas simbologias não devem se misturar, como se nenhuma prostituta fosse mãe. Elas estão construídas completamente separadas. E a esposa 'não gosta de sexo', porque, se ela adorar o sexo, é puta.

Não sei se vocês sabem, mas o livro autobiográfico que a Gabriela Leite chama *Filha, mãe, avó e puta*. Por que ela escolheu esse nome? É genial esse nome! Ela quer acabar com essa divisão, quer que a esposa deixe de ter que se construir como 'assexuada' e que ela [a prostituta] possa se assumir publicamente como prostituta e mãe.

No livro da Gabriela Leite, ela conta o dia em que veio um cara 'todo torto'. E ela pensa: "Nossa! Eu não quero fazer programa com esse cara não". Ela dá para ele um preço super alto e ele fala que vai pagar. No meio do programa, ela percebe o quanto era importante aquilo para ele. Porque ele não tem ninguém que queira transar com ele. Porque como é que a gente faz para arranjar um parceiro sexual nessa sociedade? Os encontros amorosos são clivados por uma série de coisas que estruturam a nossa sociedade. A gente tem uma ideia de que os encontros amorosos são perfeitos, mas não são. Eles são marcados por raça, são marcados por classe, são marcados por um monte de interdições. Então, a prostituição acaba sendo um espaço de subversão dessas coisas. Não é só porque o cara 'não tem sexo bom' com a esposa que ele procura a prostituição. Tem outras coisas que envolvem o sexo e como ele é encarado na nossa sociedade. Vai ser super difícil um dia você ter uma relação com um cara de outra classe social, de outra cor. Algumas interdições da nossa sociedade, em relação ao sexo, acabam sendo 'resolvidas' no espaço da prostituição.

Obrigada, Diana!

"Acho que temos que reconhecer as potencialidades das relações entre o rural com o urbano, para pensar alternativas ao modelo atual de expansão urbana que não está sendo bom."

luciana
ferrara

Entrevista realizada por
Letícia Tomé, Mariana Castro e Thaís Waack

Há algumas décadas, questões ambientais se tornaram pauta de grandes discussões internacionais. Fala-se no *antropoceno*, na nova era geológica dominada pelo homem. Pode-se falar que a sua pesquisa é um desdobramento dessa reflexão para o campo do urbanismo?

    Meu doutorado não trata exatamente sobre o *antropoceno*, mas a pesquisa se relaciona com essa ideia no sentido de entender as questões ambientais como parte da produção do espaço no processo de urbanização capitalista, que hoje tem dimensão planetária. Vocês citaram todo o movimento internacional, que ganha força nos anos 90, mas o ambientalismo é anterior. Há vários autores que já identificaram diversas correntes do ambientalismo, desde algumas mais conservadoras do ponto de vista político social e mais conservacionistas do ponto de vista ambiental (desde o final do século 19), até outras que consideravam a crítica ao desenvolvimento capitalista como parte do entendimento dos problemas ambientais de hoje. O meu trabalho está mais nesta linha; uma linha mais crítica que busca entender a produção da cidade também como uma questão ambiental, sem cair na polarização de que a cidade se opõe à natureza, de forma simplista. Eu tento trazer a discussão para o urbano, fazendo uma crítica, tanto ao pensamento da produção da cidade – que há muito tempo não considerou as questões da natureza – tanto quanto ao ambientalismo mais conservacionista, que não considera os conflitos e produção sociais na transformação dessa relação da sociedade com a natureza. Mas essa visão está ainda muito presente, inclusive em setores do poder público e na formulação de políticas públicas.

Eu não discuto na tese a concepção do *antropoceno*, porque não era o meu foco. Mas existem, de fato, vários pesquisadores que têm defendido essa tese. Inclusive, relacionado às pesquisas sobre mudanças climáticas, explicando muitos impactos que acontecem principalmente a partir da industrialização, com a emissão de carbono e toda a transformação atmosférica, colocando a ação humana como uma ação central na transformação mais recente do planeta. A urbanização é um grande componente dessa transformação, assim como outras atividades econômicas muito devastadoras. Então, nesse sentido, pode ser feita uma aproximação, mas eu não me aprofundei muito sobre a discussão do *antropoceno* como conceito e elaboração.

Pensando a respeito, parece-nos que não há área disponível que fique fora deste impasse, afinal, áreas com infraestrutura possuem valor econômico e os espaços residuais, além de muitas vezes entrarem em conflito com áreas de proteção ambiental, podem também tornar impraticável o tempo social não remunerado dos indivíduos. Nesse caso, para que direção você acredita que tenda a decair uma solução?

Quando a gente está falando da urbanização de São Paulo e da urbanização brasileira em geral, ela é engendrada por um processo de segregação sócio-espacial: a desigualdade no acesso à terra e às condições gerais de produção, que produz as periferias, as áreas chamadas de vulnerabilidade sócio-espacial. Ao mesmo tempo que existem áreas da cidade valorizadas e que concentram infraestruturas, outras áreas ficam com o preço da terra mais baixo, e não são objetos de interesse da atuação do mercado imobiliário ou do poder público naquele momento, até se tornarem novas frentes de expansão. Portanto, trata-se de um único processo. Esse seria um primeiro elemento a ser enfrentado com mais consistência pelas políticas públicas.

A ocupação das áreas de mananciais é totalmente parte disso. Quando a gente olha o histórico, vemos o que eram as áreas antes de serem ocupadas por moradias de baixa renda. Elas eram chácaras, terrenos maiores. Com o passar do tempo e com a poluição da represa, o apelo do uso das áreas de lazer, de recreio foi se perdendo. E a Lei de Proteção dos Mananciais da década de 1970 definiu parâmetros restritivos e elitistas, visando conter a expansão urbana. Então, junto com a demanda habitacional dos ano 70/80/90 e com a intenção desses proprietários em lucrar com essas terras, elas começaram a ser vendidas de forma ilegal. De um lado, ocorreu um aproveitamento, inclusive de políticos locais, de uma situação que é uma emergência da solução habitacional, pois existia muita gente querendo sair do aluguel, precisando de área para morar e muitos terrenos disponíveis. E aí explode a ocupação dos mananciais, principalmente em São Paulo e em São Bernardo do Campo. Olhando com mais atenção para a área de proteção de manancial, observa-se que tem mais loteamento do que favela. Claro que tem bastante gente morando em favela, mas tem muito loteamento popular. A construção desses loteamentos, por toda sua ilegalidade, não passou por processo de aprovação da Prefeitura e no Estado. Quem empreendeu essas áreas não construiu toda infraestrutura, nem seguiu todas as exigências da Lei Federal 6766 [de parcelamento do solo], de doação de área pública, simplesmente fizeram terraplanagem, dividiram e saíram vendendo os pedacinhos de terra. Também não foi respeitada a Lei Estadual de Proteção aos Mananciais da década de 1970. E o poder público municipal e estadual foi condescendente.

A população que foi morar nessas áreas, além de toda a questão do sobretrabalho para construção da moradia, ficou muitos anos sem infraestrutura. Esse tempo de trabalho não remunerado, que naquele momento resultava do rebaixamentos dos salários, como explica a Ermínia [Maricato], o Chico de Oliveira e vários autores, foi um elemento importante da expansão industrial. E a moradia foi solucionada com trabalho no final de semana, por meio de mutirões e autoconstrução, pois não havia política habitacional ou alternativa de moradia acessível e em quantidade fora das áreas ambientalmente protegidas. Esse problema é estrutural da região metropolitana como um todo. E vemos que hoje, apesar do trabalho na indústria não ser o principal na [Região Metropolitana de São Paulo] RMSP, a expansão da moradia precária se mantém e a informalidade no trabalho aumentou.

A solução desse problema tem a ver com a forma como a moradia para a população de baixa renda não foi solucionada – e a partir do momento em que essas áreas vão se consolidando, a infraestrutura foi chegando de uma forma fragmentada, implementada pelo poder público: a infraestrutura de transportes, do viário, eletricidade, e a infraestrutura de saneamento [rede de água].

Houve propostas para a política pública, mas nem todas foram implementadas. Se a gente for pensar em toda legislação urbanística, de manancial e de regularização, ela passou por um longo processo até reconhecer a necessidade de infraestruturar essas áreas, tanto na leis específicas das represas Billings e Guarapiranga, como na legislação nacional. Somente na década de 1990, principalmente depois que foi feito o *Programa Guarapiranga* em São Paulo, se passou a infraestruturar as áreas ocupadas no manancial.

A ausência de infraestrutura piorava a qualidade de água da represa, porque o esgoto chegava direto; não tinha tratamento, não tinha coleta e a qualidade vida era muito ruim nessas áreas. Então, teve esse reconhecimento e de fato os projetos de urbanização de favelas e loteamentos aconteceram, antes até de se fazer regularização fundiária. Se investiu inclusive com recurso de financiamentos internacionais para expansão de infraestrutura nessas áreas, mas ela aconteceu de uma forma muito fragmentada. Então, existe uma situação muito desigual de atendimento, mesmo dentro da área de proteção de manancial. Ainda tem muito a se fazer, em termos de urbanização, porque são áreas de urbanização complexa, [que] têm alta densidade construtiva, alta densidade populacional, diferentes precariedades e muitas vezes há a necessidade de fazer algumas remoções e reassentamentos para conseguir entrar com infraestrutura.

É uma questão que também tem relação com as áreas de emprego, quer dizer: as pessoas moram muito longe das áreas onde elas trabalham; elas têm que se deslocar muito, cotidianamente. Essa é uma questão super importante, que está muito na pauta de todos os debates urbanos hoje; não tem como a gente pensar a melhoria da qualidade de vida sem melhoria da acessibilidade e do transporte, e a distribuição das áreas de emprego.

A outra questão é reverter o processo de expansão periférico no manancial, o que também depende de uma política de habitação fora das áreas protegidas. Existe uma luta do movimento de moradia para utilizar as áreas centrais, que pressiona o poder público para produzir habitação de interesse social em zonas bem localizadas, próximo das áreas infraestruturadas, transformar edifícios abandonados em moradia, trabalhar com locação social. Apesar de algumas tentativas, essa política não avança em São Paulo. O Judiciário, frequentemente, protege o direito de proprietários (que muitas vezes têm dívidas imensas com a Prefeitura) em detrimento do direito à moradia. Mas, sem a construção de alternativas, continuaremos reproduzindo esse padrão de ocupação precário e desigual. Além disso, hoje, a gente vê que as ocupações, em São Paulo, das áreas de manancial se dá por pessoas que vêm da região metropolitana; esse problema explodiu, ele é metropolitano. Não dá para o manancial continuar sendo tratado como área de expansão urbana. Isso coloca uma questão muito séria para a própria segurança hídrica dessa parte sul da região metropolitana da cidade. Como se soluciona habitação na escala metropolitana, garantindo usos que são compatíveis com a produção de água nas áreas que ainda não estão ocupadas? É isso que deve ser pensado.

Sabendo-se que a arquitetura moderna se baseia na regularidade e racionalidade, buscando funcionalidade dos espaços e considerando também as questões estéticas, a natureza por muitas vezes foi colocada em segundo plano em termos de projeto de cidade. Você acredita que, diante do debate atual sobre a preocupação com o meio ambiente e a preservação da natureza, a arquitetura contemporânea possui uma perspectiva diferente da moderna?

Eu acho que cada vez mais as pessoas reconhecem a importância da qualidade ambiental no urbano. Mas a natureza ainda é bastante funcionalizada na cidade. Existe uma tendência de esverdeamentos de projetos, uma busca por usar tecnologias consideradas menos impactantes, toda uma linha de arquitetura verde, de alternativas de construção, certificação que seguem uma racionalidade econômica. O que eu observo é que esse tipo de solução serve muito mais para valorizar um determinado tipo de arquitetura que já é bem voltada para um mercado específico de mais alta renda ou para potencializar a valorização imobiliária. Toda essa inovação tecnológica, que, vista isoladamente, pode ser interessante, por outro lado, acaba sendo mais um elemento de valorização de uma arquitetura que não é includente, no contexto brasileiro. Mas o que eu gostaria de ressaltar é o uso ideológico de todo o discurso da sustentabilidade, que pode ser muito conservador. Ele pode justificar projetos excepcionais, mas na verdade continuam reproduzindo um padrão de desigualdade socioterritorial.

Por outro lado, a gente tem todo um reconhecimento dessa pauta voltado à crítica da qualidade de vida urbana, que pode apontar saídas e soluções novas: a valorização de espaços públicos, a luta contra a mercantilização da água, a luta pelo saneamento, pela urbanização de favelas – que também podem gerar inovações. Mas, no meu ponto de vista, isso tem que estar associado a um projeto de transformação maior. Não é só uma questão tecnológica, mas olhar a fundo os problemas que geram a desigualdade ou exploração da natureza. Desigualdade também, na qualidade urbana e ambiental dos espaços e fazer propostas que transformem esse processo. Eu acho que essa possibilidade está colocada. Tem grupos interessantes trabalhando com projetos coletivos, propostas mais interessantes nesse sentido. Então, o discurso ambiental tem um pouco desse perigo, porque ele é muito flexível e pode ser apropriado por diversos interesses.

É possível que o urbanismo passe a enxergar e produzir as cidades considerando e respeitando a natureza mesmo em uma sociedade capitalista que tende a tratar o ambiente como mercadoria e fonte de exploração?

Eu acho difícil, mas é algo que precisa ser enfrentado, pois depende dos sujeitos envolvidos. E uma questão que a gente tem que pesar, é a contradição no capitalismo. A produção de riqueza ocorre com a super exploração dos seres humanos simultânea à da natureza. Muitos autores apontam que a crise ecológica e ambiental atual não é dissociável da produção capitalista. E para alguns, a crise ambiental não será suficiente para superar o capitalismo pois ele recria soluções e transforma a degradação em novas frentes de exploração econômica. Como repensar o urbanismo nesse contexto? Muitos problemas que a gente vê hoje vêm dos problemas do capitalismo industrial, mas também estão associadas com o avanço do capitalismo financeiro.

Pensando, por exemplo, no mercado imobiliário, na produção de imóveis, de edifícios ou de projetos urbanos voltados muito mais para o interesse financeiro do que para valor de uso, habitacional ou para o desempenho de atividades econômicas, pura e simplesmente. Os imóveis passam a ser objetos de investimentos e a utilização de mecanismos financeiros para fazer com que o imobiliário gere lucros e rendas cada vez maiores. Assim, a gente vai se afastando de um objetivo, que é o uso, é a vida na cidade, na coletividade. Isso coloca questões sobre a forma como a gente está alterando a natureza para a produção do espaço urbano.

A construção de um edifício tem uma cadeia de relações e atividades até chegar no canteiro de obras e um edifício ser construído. Então, o problema ambiental envolvido, é gigantesco. Ele vai desde a exploração de recurso de matéria prima, até os impactos da construção desse edifício na cidade, a localização dele, a forma como ele vai alterar o meio físico, etc. Existem vários exemplos de como a gente pode caracterizar a forma como capitalismo hoje é predatório, em termos ambientais e sociais. É difícil construir a saída. Mas é mais uma pauta de luta que deve ser entendida e enfrentada. A questão ambiental levanta a pauta do que é o bem comum, da qualidade de vida, que está associada aos espaços coletivos, verdes, a qualidade da água e do ar.

A Paula Santoro utiliza o termo "modelo expansionista de urbanização", onde os agentes urbanos regularizam a cidade conforme ela se expande e então propõe um planejamento dinâmico para a infraestrutura. Você acha que o urbanismo pode utilizar desse "sentido dinâmico" do crescimento da cidade para que resulte em um planejamento que leve em consideração a relação com o meio ambiente e as pessoas, de forma que alcance melhores resultados do que a atual produção de cidades homogêneas, fragmentadas, hierarquizadas e voltada para o mercado?

Eu acredito que sim. Eu acho que o planejamento é uma ferra- menta. Assim como a legislação urbanística, ele é um processo de construção social. Temos alguns avanços, porque as demandas sociais foram incorporadas de alguma maneira ou resultam de uma construção, em um embate de diferentes interesses. Nesse sentido, quando você tem um equipe da Prefeitura e um movimento social que consegue dialogar, acho que é possível se contrapor a processos, de não fazer com que o poder público fique rendido ou trabalhe mais a favor de interesses econômicos específicos, imobiliários ou financeiros, que se volte mais para a situação social pública. Eu sempre acho que é uma correlação de forças, é um conflito que está colocado sempre, porque vão ter sempre interesses e disputas pelos espaços da cidade. Acho que é possível sim usar essas ferramentas, no sentido mais socializante, mais distributivo, e a gente tem exemplos de momentos em que isso acontece.

Como diz Flávio Villaça, há uma desigualdade política muito forte entre os setores da sociedade brasileira. Os setores populares, eles têm, nessa balança, menos poder e precisam de muita organização para serem ouvidos. Por parte do poder público, se ele se propõe politicamente a conseguir juntar o saber técnico com as demandas, conseguir ler as dinâmicas sociais e voltar a sua ação para essas demandas, acho que é possível fazer muita coisa sim. Mas, no contexto atual, a correlação de forças é o oposto disso.

O título da sua tese [Urbanização da Natureza] coloca algo muito interessante, na medida em que fala da urbanização da natureza. Você acha que a dicotomia entre urbano e rural ou urbanizado e não urbanizado deve ser abolida, no sentido de extinguir a ideia de opostos que há entre esses dois meios? Qual o impacto que isso tem para os modos como ela vem sendo aprendida e estudada?

É uma boa pergunta. Eu acho que temos uma visão de oposição campo-cidade, que é construída historicamente, mas a vida na cidade depende totalmente da atividade rural. Pegando um pouco a ideia do [Henri] Lefebvre, o processo de urbanização capitalista domina inclusive o campo e altera suas características. Algumas áreas resistem a esse processo, mas são muito poucas – como comunidades quilombolas, indígenas, etc. – e estão constantemente ameaçadas pelos interesses dos grandes proprietários e produtores do agronegócio.

O espaço urbano é um espaço de concentração de atividades, é um espaço de acumulação, e isso gera uma dinâmica de crescimento que altera os espaços não urbanizados, ainda que a dinâmica rural se distinga da urbana. Podemos observar a forma de crescimento das cidades médias, com os loteamentos fechados, reproduzindo a segregação urbana e a degradação ambiental. A base desse processo é que o valor de terra urbana é mais alto ao da terra rural que não é mais produtiva. O fato de a gente não pensar na oposição poderia gerar ideias que são mais articuladas em termos de uso e ocupação do solo, valorizar o que é positivo no rural, suas especificidades e buscar superar os problemas que a produção do espaço capitalista gera sobre os espaços rurais em transformação. Mas a questão econômica em relação à terra está colocada. Há todo um debate sobre novas ruralidades. O que deve ser o campo? Qual a infraestrutura adequada para o rural? Como manter relações de produção no rural que não fiquem à mercê do grande agronegócio?"

No Bacharelado em Planejamento Territorial da UFABC, há disciplinas de planejamento rural que trabalham novas ruralidades. Quem estuda planejamento urbano não conhece esse debate e quem estuda o rural olha negativamente para o urbano. Eu acredito que esses campos de pesquisa e conhecimento precisam estar mais integrados.

Pegando o exemplo de São Paulo, na última revisão do *Plano Diretor* e da *Lei de Zoneamento*, a zona sul do município, que é área de proteção de mananciais, voltou a ter um zoneamento rural. Isso levantou um debate muito importante, inclusive em relação ao reconhecimento de agricultores que, há décadas, moram e trabalham na zona Sul de São Paulo sem apoio para desenvolver essa atividade. Se buscou incentivar a produção orgânica, fornecendo os alimentos para as escolas públicas, por exemplo. O objetivo é integrar as políticas com atividades geradoras de renda compatíveis com a preservação de mananciais e nutrição de qualidade. Então, quando defendemos planejar a expansão urbana, pode-se pensar nessas alternativas, que por sua vez, dependem de políticas públicas adequadas. Acho que temos que reconhecer as potencialidades das relações entre o rural com o urbano, para pensar alternativas ao modelo atual de expansão urbana que não está sendo bom.

Na sua tese, você chega a pontuar que as leis da Billings, se cumpridas à risca, não seriam capazes de solucionar o problema. Atualmente, a lei não está sequer sendo aplicada. Levando em consideração a sua participação inicial no [Laboratório de Habitação da FAUUSP] LabHab e outros espaços de debate, você acredita que deveria haver mais envolvimento por parte das universidades de arquitetura nessas questões? Seriam os grupos de estudos e pesquisa das universidades possíveis atores no processo de tornar essas leis mais específicas e bem pensadas?

A legislação de manancial foi mudando ao longo do tempo de uma forma bem gradual. Ela começa na década de 1970, impondo um padrão de ocupação super elitista e tentando conter a expansão urbana a partir de parâmetros de uso do solo restritivos. Você já tinha toda essa expansão acontecendo, mesmo enquanto a lei estava sendo promulgada. Ela ficou valendo dessa forma, até a década de 1990. Com a poluição da represa e todo o problema habitacional e social, foi necessário mudar essa legislação, pois ela não permitia regularizar para interesse social, não permitia entrar com obra de urbanização. Ou seja: isso foi acontecer só nos anos 90. Mesmo tendo algumas alterações, ela ainda não permitia totalmente a flexibilização para a regularização de interesse social. Ela permitia a urbanização em algumas áreas indicadas pela Prefeitura em um programa chamado *Plano Emergencial*, para urbanizar áreas mais precárias. Só com as Leis Específicas, a da Guarapiranga em 2006 e a da Billings em 2009, é que foi criado um instrumento chamado PRIS, que é o *Programa de Recuperação de Interesse Social*, que são compatíveis com as áreas de ZEIS [Zonas Especiais de Interesse Social], onde os municípios podem desenvolver projeto de urbanização para a qualificação ambiental. Apenas em 2009 que a Lei Específica da Billings vai criar esse instrumento.

Demorou bastante tempo para você ter isso e todo esse processo de mudança da legislação foi acompanhado de debates e conflitos sociais. A partir dos anos 90, a gente tem os comitês de bacia hidrográfica e toda a revisão da legislação dos mananciais. Os comitês de bacia sempre tiveram a participação tripartite: Estado, municípios e sociedade civil da bacia hidrográfica da região. Eu entrei nesse tema porque eu estava ainda na graduação e participava de uma pesquisa no LabHab, que era coordenado pela Prof.ª Maria Lúcia Refinetti Martins. Nós acompanhávamos as discussões da legislação específica da Billings, a formulação. Então, existe um espaço de interlocução formal nos comitês de Bacia, nos conselhos, nos espaços institucionais de participação.

A universidade sempre pode ser propositiva. A função da universidade é produzir conhecimento e atuar junto aos órgãos públicos por meio de pesquisas, por meio desses espaços de representação, tanto acompanhando a mudança da legislação e da política pública de uma forma propositiva, como monitorando se elas estão sendo aplicadas, fazendo estudos críticos sobre a efetividade delas.

Na UFABC, houve a elaboração do Plano Diretor Regional para o ABC, que foi coordenado pelo Prof. Jeroen Klink junto com o consórcio intermunicipal do ABC. O consórcio contratou a universidade para fazer, junto com os municípios do ABC, um *Plano Diretor Regional*. E esse plano contribuiu com as discussões do *Plano Metropolitano*, que está em andamento. Agora, eu estou em um outro projeto, também com o *Consórcio Intermunicipal do ABC* coordenado pela Prof.ª Rosana Denaldi, que fez um diagnóstico habitacional regional, que levantou informações dos assentamentos precários dos sete municípios que compõem a região e estão total ou parcialmente inseridos na área de proteção aos mananciais. Outro exemplo é o *Observatório de Remoções*, um projeto feito pela USP, UFABC e UNILA. Então, a Universidade deve estar presente na sociedade, seja por projetos de pesquisa ou de extensão, contribuindo com a política pública, com o movimento social, em espaços institucionais ou não institucionais, promovendo a troca de saberes.

Para nossa área é fundamental, porque a gente está conectado com a realidade. A gente está sempre trabalhando a partir da realidade concreta, que é muito desigual e injusta do ponto vista social e ambiental.

Obrigada, Luciana!

"Tudo o que a gente chamou de arquitetura até agora foi pensado para uma espécie de terreno muito estável do ponto de vista ecológico, onde os eventos extremos da ordem climática e ecológica eram a exceção. Agora, parece que estamos entrando no tempo onde essa exceção se torna regra."

paulo
tavares

Entrevista realizada por
Débora Saraiva, Larissa Grego, Mariana Girardi e Verônica Lombardi

A primeira pergunta se refere ao seu interesse pela Amazônia e a relação da urbanização com esse território e o pensamento desenvolvimentista dos anos 60. Queríamos que você comentasse sobre esse interesse, porque ele parece marcar uma mudança radical que se refere aos modos de pensar urbanos no Brasil. E o que faz um arquiteto urbanista lançar o seu interesse sobre esse território e qual a distinção que está posta nesse sentido?

Eu acho que meu interesse pela Amazônia vem de diversos contextos. Para situar na disciplina, os estudos urbanos se concentravam, principalmente, nas franjas do litoral, cidades do interior até Brasília, que seria o grande paradigma, um grande laboratório do que foi o pensamento Urbano. Apesar desta espécie de ausência da Amazônia, esse território foi, na verdade, um dos palcos da experimentação de formas de planejamento espacial, de formas de arquitetura radicais, desde o início do processo de modernização. Ou seja: na verdade, era uma ausência que se referia mais a uma perspectiva da história do que uma participação no processo de modernização.

Vemos exemplos como a Fordlândia, logo nas primeiras décadas do século 20, sendo uma espécie de experiência Urbana muito sofisticada pela sua própria relação de ocupação colonial do território, de tomar posse do território. Existe a criação da Vila Serra do Navio, também uma cidade Modernista, também com o objetivo de colonizar e ocupar esse território, acontecendo paralelamente com Brasília. Durante o governo militar, a Amazônia vai ser palco de um processo radical de planejamento e desenho territorial. Uma espécie de laboratório que vai estar sempre presente no processo de modernização e que de alguma maneira esteve ausente das narrativas do que era a arquitetura moderna. Meu interesse está um pouco relacionado com isso, com o "tentar pensar" a história ou arquitetura e urbanismo a partir desta espécie de ausência. Isso faz com que você opere uma inversão dentro da maneira como [se organiza] a narrativa da arquitetura nacional, a narrativa da modernização ela mesma, que vai tomar a forma muitas vezes do nacional-desenvolvimentismo; como ela vai ser construída através da arquitetura e através até do papel que a arquitetura vai desempenhar nesse processo. Isso tem muito a ver com o entendimento de que, do ponto de vista desses territórios que são ocupadas por povos ameríndios, esse processo de modernização era uma espécie de extensão do processo colonial. Ele não era na verdade um processo de construção da nacionalidade, da identidade nacional, mas um processo de destruição de um habitat, destruição de uma espécie e um modo de ocupar a floresta. Então, essa modo de entender o processo de urbanização, a história, a própria arquitetura brasileira, pressupõe que você entenda que esse processo de modernização é fundamentalmente colonial e acho que é nesse sentido que a Amazônia parece ser um espaço muito importante, tanto do ponto de vista da história quanto do próprio entendimento sobre o que é arquitetura.

O que muda no pensamento Urbano com o entendimento de que a Terra não é mais uma natureza ideal no seu sentido puro, mas uma natureza transformada pelo homem? Que consequências esse entendimento do *antropoceno* projeta para os estudos da cidade e para as políticas públicas?

O antropoceno é essa era onde os impactos da humanidade alteraram profundamente a dinâmica do sistema Terra. Um dos períodos importantes do *antropoceno* vai ser chamado de *a grande aceleração*, que acontece depois dos anos 1950. Se você for pegar os índices de impactos na atividade humana no ambiente e no sistema Terra, vai ver que, depois dos anos 50, tem uma espécie de curva exponencial, muito dramática. Os cientistas vão chamar esse período de "a grande aceleração do câmbio climático". Isso tem a ver com essas intervenções espaciais especialmente no contexto tecnológico da Guerra Fria, quando o Brasil estava sendo governado pelo regime militar. De fato, há uma espécie de ambição de transformação, de domesticação, de controle da natureza muito forte, cujos efeitos ecológicos estamos sentindo agora. Um primeiro momento do *antropoceno*, é situar ele em relação a esses projetos espaciais.

Você falou da relação entre *antropoceno* e arquitetura. Um dos elementos importantes nessa relação é historicizar o *antropoceno*, tanto na sua manifestação colonial, quando a ocupação de grandes territórios, em várias partes do mundo. Isso vai mudar de uma maneira dramática as paisagens. E também esse outro período que eu chamei de a "grande aceleração", que tem a ver com essa espécie de planejamento militarizado.

Agora, o que que muda com o *antropoceno*? Muda muita coisa do ponto de vista da arquitetura. Para resumir e talvez para destacar pontos que são importantes, me parece que a gente poderia pensar da seguinte maneira: Tudo o que a gente chamou de arquitetura até agora foi pensado para uma espécie de terreno muito estável do ponto de vista ecológico, onde os eventos extremos da ordem climática e ecológica eram a exceção. Agora, parece que estamos entrando no tempo onde essa exceção se torna regra. Ou seja, que a instabilidade ecológica não é um ponto fora da curva, mas ela é a própria constante dentro da qual o design, a arquitetura e o urbanismo vão operar. Isso significa que fenômenos que a gente considerava raros ou excepcionais, como grandes secas e grandes enchentes, vão se tornar mais frequentes e partes da dinâmica urbana. Se o próprio contexto ambiental ecológico territorial no qual arquitetura e urbanismo intervém está passando por uma mudança tão dramática como essa, é claro que a própria prática do design vai ter que se reinventar de alguma maneira, para que ela possa finalmente reinventar este contexto. Ou seja, produzir uma espécie de ambiente mais seguro, até certo ponto, menos violento, uma vez que os efeitos do *antropoceno* e do câmbio climático vão afetar os mais vulneráveis. O *antropoceno* tem a ver com essa espécie de manejo de risco e o design tem um comprometimento ético em relação a isso.

Existe uma resistência ou um socioambientalismo que consiga adequar o desenho das cidades ao modo de vida das comunidades locais? Você acha que esse amálgama é uma condição da contemporaneidade?

Nos últimos anos, houveram intervenções de grande escala na Amazônia, principalmente no contexto de neo desenvolvimentismo que ocorreu durante os anos do governo do PT. O que a gente vai ver com esse processo é que, simultaneamente, há uma rápida urbanização da Amazônia. As cidades da Amazônia incharam muito rapidamente. Elas foram nessa época as cidades que mais cresceram do ponto de vista urbano. A Amazônia é uma espécie de fronteira urbana. Talvez uma das fronteiras urbanas que mais crescem no mundo. O Mike Davis tem uma frase muito interessante que ele vai falar: "Olha, na Amazônia a urbanização e a favelização vão acontecer, elas são praticamente sinônimos.". Ele quer dizer que a urbanização é uma espécie de favelização ao mesmo tempo. Ela sempre ocorre de maneira precária; as cidades sempre se expandem sem infraestrutura, avançando sobre a floresta e inchando certos bolsões urbanos.

O que a gente vê é que há um processo de precarização urbana que tem a ver com essas grandes intervenções na Amazônia. Esse modo de assentamento, que foi historicamente produzido por esses tipos de intervenção, tem sido não apenas nocivo ao ambiente mas também às populações locais. A gente viu muito isso durante o regime militar e como consequência desse planejamento modernista/colonial, que queria ocupar e domesticar a floresta, quando, na verdade, era habitada por populações tanto de migrantes como originárias, que carregavam com elas mesmas um conhecimento territorial e uma espécie de inteligência espacial urbana muito bem adaptada ao contexto da floresta. Durante o regime militar, esse tipo de planejamento foi muito violento não apenas no sentido ambiental de destruição da floresta, como eu comentei em relação ao antropoceno, mas também a violência contra esses povos.

O que é interessante é que essa espécie de movimento de redemocratização também tem a ver com uma espécie de movimento contra esse tipo de intervenção. É uma forma de resistência pela sobrevivência desses modos ancestrais e tradicionais de se ocupar a floresta que em si mesmo carregam uma inteligência urbana, espacial muito sofisticada. Qualquer reflexão para se pensar a Amazônia passa pelo reconhecimento desse saber e de sua potencialização. Não somente para Amazônia mas talvez até para os grandes centros metropolitanos tem alguma coisa que a gente deva aprender com essa espécie de espaço urbano da floresta.

A banca ruralista é uma das mais influentes no país hoje. Como você propõe que se efetivem planos a favor dessa ecologia e dessa

resistência, evitando que projetos que levam à destruição da Amazônia sejam aprovados? Qual seria esse papel do arquiteto?

O que a gente vê de maneira muito clara é que o atual processo político pelo o qual o Brasil está passando, o qual eu classifico como um desdobramento de um golpe de estado, tem efeitos diretos na manutenção dos direitos dos povos indígenas, como na proteção do ambiente. Estamos vendo um ataque sistemático aos órgãos de proteção tanto dos índios como do ambiente. Estamos vendo uma série de medidas legislativas sendo aprovadas sem legitimidade, que estão desmontando o sistema de proteção dos direitos dos povos e da natureza, cujas origens também estão relacionadas a esse movimento de redemocratização, que foi cristalizado na constituição de 88. Então, essa história da perda dos direitos trabalhistas, uma espécie de precarização da força do trabalho que nós estamos vendo acontecer atualmente também tem a ver com uma erosão dos sistemas de proteção da natureza e do direito dos povos. Vemos esse processo também acontecendo em outros níveis, com tentativas do governo de flexibilizar a noção de trabalho análogo ao escravo, que acontece em grandes obras de infra estruturas, primordialmente também em zonas de fronteiras, como essas fazendas na Amazônia. Há uma espécie de precarização da força de trabalho, que tem a ver também com essa espécie de implementação de iniciativas que buscam enfraquecer a proteção do ambiente para beneficiar o interesse de uma classe política.

Como o arquiteto pode agir em relação a isso? Como a prática da arquitetura ou a prática do design se posicionam em relação a isso? Eu acho que a prática do design pode colaborar em diferentes aspectos, do seu ponto de vista pragmático, digamos do próprio desenho da arquitetura, para pensar soluções para a cidade num contexto muito particular, para assentamentos.

A Amazônia é de fato majoritariamente urbana. A maioria da população da região norte do país está concentrada em cidades também, então é um problema urbano, digamos assim. E também tem uma parte de advocacia, que é própria da disciplina do urba-nismo, do planejamento espacial. Se a cidade é um direito, se o território é um direito, nós que trabalhamos com o espaço somos, de certa maneira, advogados desses direitos nas nossas ações, e o exercício dessa espécie de papel de advocacia através da sua própria prática como designer é uma das maneira que se pode intervir nessa situação.

Você pode fazer um panorama geral de como está a situação dos indígenas em si? Como eles têm reagido à urbanização e à opressão do mercado, desses latifundiários?

As melhores pessoas para falarem do movimento indígena são os próprios indígenas. E nessa espécie de série de entrevistas que vocês estão fazendo sobre pessoas que trabalham o espaço, talvez seja interessante conversar com alguma liderança indígena para tentar entender a perspectiva dos povos sobre isso. O que posso dizer é que houve uma grande manifestação em Brasília. A gente vê que os povos indígenas estão bastante articulados e, bastante conscientes, presentes, entendendo que os seus direitos estão sendo violados ou ameaçados pela atual situação do país. Acho que isso ficou muito claro no acampamento Terra Livre, onde membros de diferentes nações do país se reuniram aqui no congresso, aqui na esplanada, tomaram um monumento, que é Brasília, para reivindicar uma agenda de fortalecimento de direitos.

Talvez outro exemplo interessante, seja o do México, onde movimentos zapatistas lançaram uma candidata a presidenta da república [María de Jesús Patricio Martínez]. Uma mulher indígena, intelectual do movimento, membro do movimento, que representa uma junta política. Ela não é uma candidata de um partido, mas ela é a *vocera* de um conselho, que pretende chegar à presidência do México. No meu entender, esses movimentos representam uma espécie de vanguarda do conflito contemporâneo por justiça e igualdade entre os povos.

Em relação à mistura de povos, que aconteceu com a criação dos parques indígenas do Brasil, queríamos saber como você vê a posição de antropólogos e urbanistas. Ao mesmo tempo em que eles previam uma diminuição de conflitos, eles criam um conflito, já que misturam vários povos indígenas.

A política indigenista brasileira se inicia com um lastro colonial muito forte e vai se utilizar de estratégias similares das conquistas coloniais. Principalmente, a estratégia do aldeamento, das reduções, implementada fortemente pelo Marquês de Pombal no século 18. No século 20, vai se criar uma agência específica, o Serviço de Proteção ao Índio [SPI], que depois vai se transformar na [Fundação Nacional do Índio] FUNAI, que vai ter um mandato de realizar essa missão chamada pacificadora. Isso vai ser intensificado durante o governo de Getúlio Vargas. É interessante também pensar isso do ponto de vista urbano.

Getúlio Vargas vai abrir a cidade de Goiânia. E, depois, com Juscelino Kubitschek, Brasília e os militares. O SPI, inicialmente, se chamava Serviço de Proteção ao Índio e Localização do Trabalhador Nacional [SPILTN], justamente porque ele buscava localizar e fixar os povos que eram percebidos como nômades, que atrapalhavam a expansão nacional. Essas agências vão desempenhar um papel muito importante nesse processo de modernização/colonização do território. Como elas operavam? Elas deslocavam, atraiam essas populações para que eles fossem ruralizados em colônias controlados pelo Estado.

A ideia dos parques indígenas tem alguma origem aí, porque o SPI protegia terras, mas ela vai estar mais relacionada ao trabalho dos sertanistas Villas-Bôas, que vão criar o Parque Indígena do Xingu. Então, aí há um momento crucial de virada na política indigenista, justamente porque se pensa que era preciso criar uma reserva de tamanho tão grande que se pudesse preservar a cultura do índio e não apenas aldea-las. Era preciso criar essa espécie de *buffer zone* de contato, que manteria a cultura do índio em relação ao contato violento das frentes de expansão colonial. É claro que há um paradoxo, nesse tipo de intervenção espacial. Ao mesmo tempo em que ele quer proteger os indígenas, também cria uma espécie de confinamento. De fato, existem uma série de críticos, que vão dizer como alguns desses parques vão funcionar numa espécie de vitrine, principalmente na época do regime militar. Bom, a parte essas críticas, ele vai oferecer uma espécie de proteção inédita e efetivamente proporcionar que os povos tenham condições de manter as suas estruturas culturais, a sua organização originária, ou proteger a sua cultura. Então, essas espécies de grandes ilhas de proteção, elas também são de alguma maneira grandes formas de proteção ambiental, na medida em que os povos cultivam a floresta. Eles também são formas de desenho do *antropoceno*, na medida em que agem no próprio balanço do sistema Terra.

Você utiliza um conceito nos seus textos, que é o *geodesign*. Você pode defini-lo e comentá-lo?

Eu não diria que ele é um conceito. É mais uma expressão, que deveria ser melhor pensada para ser definida como um conceito. Eu uso ele para me referir a uma série de intervenções em grande escala, que vão ser realizadas principalmente na segunda metade do século 20. A gente vai ver isso na Amazônia de uma maneira exemplar, laboratorial ou experimental. Por exemplo: nos anos 60, uma agência norte americana vai propor criar um grande mar interno dentro da bacia Amazônica através da barragem do Rio Amazonas. Eles propunham barrar o rio e criar um sistema de grandes lagos. Seria uma espécie de mediterrâneo dentro da bacia Amazônica, que atrairia a colonização e permitiria gerar uma capacidade de energia hidrelétrica para abastecer o próprio Estados Unidos. Se pensa também em fazer um grande lago no Rio Xingu. Um outro exemplo é elaborado pela *Food and Agriculture Organization* – FAO, das Nações Unidas, que publica um estudo que previa a transformação da Amazônia em grandes plantações de grãos, que seria o grande celeiro do planeta. Tudo isso tem de alguma maneira uma espécie de intenção de design, que está operando não apenas no nível da escala da arquitetura, do território, mas de certa maneira na própria escala geofísica. Os militares elaboram planos que vão acontecer na escala da Amazônia, tanto que eles vão definir uma jurisdição, a *Amazônia Legal*, para a qual esses planos vão ser implementados. A consequência desses planos, como a gente observa hoje é a transformação da ecologia do planeta. A origem deles de alguma maneira é muito militarizada. Existem essas grandes estratégias militares de transformação do território, que vão mobilizar as próprias forças geofísicas do planeta. No âmbito de vista civil, existem essas grandes estratégias de modificação da paisagem. É isso um pouco que eu questionei, de um design que é pensado na própria estrutura geofísica do planeta. Por isso uma forma de *geodesign*.

Queríamos também que você falasse das *fronteiras vivas*, esse projeto dos militares em definir um limite territorial para o Brasil. Como o *geodesign* está relacionado com essas fronteiras?

Durante todo os anos 60 vai haver uma ideia de que era preciso criar o que se chamava, principalmente no Peru e no Equador, de *fronteiras vivas,* que seria a ocupação das fronteiras do território. Essa ideia de ocupação, de conquista territorial, ela assume uma postura geopolítica dentro do contexto das doutrinas de segurança nacional, implementadas por esses regimes militares. De alguma maneira, os vazios desses territórios eram na verdade potenciais focos de desestabilização da segurança nacional e da soberania territorial. Então, há uma série de iniciativas muito claras, tanto do ponto de vista estratégico como de políticas públicas, de que era preciso ocupar essas zonas e é nesse sentido que o design, que as estratégias de planejamento, vão servir a um projeto de colonização. No fundo desses projetos de colonização, existia uma espécie de entendimento de que a natureza deveria ser domesticada, colonizada, apropriada, sempre do ponto de vista econômico. Esse avanço da fronteira vai ser elaborado sobre uma ideologia de que era o próprio mito fundante da sociedade brasileira seu próprio destino, seu destino manifesto de ocupação do território.

Para o Brasil se desenvolver ele deveria se voltar para o seu interior e ocupar, porque ali estaria não somente a fonte material dessa espécie de virada desenvolvimentista, que nos permite acelerar o nosso desenvolvimento, acumular capital para desenvolver uma indústria, mas também do ponto de vista do próprio recurso simbólico que esse espaço servia. O recurso onde estaria a original identidade nacional. Em Brasília, essa relação colonial vai ter desdobramento não somente com os povos – o que vai aparecer claramente no relatório da Comissão Nacional da Verdade, que vai documentar que mais de 8 mil índios foram forçadamente desaparecidos durante esse processo –, mas também do ponto de vista da própria Terra.

Hoje, podemos falar que há também uma violação dos direitos da Terra, no sentido que esse processo é animado por uma ideia de que a destruição ambiental era necessária e era um índice do desenvolvimento. Isso se refere claramente ao *antropoceno*, à mudança climática, aos grandes desastres ecológicos. Eles são diretamente relacionadas a esse tipo de pensamento, a esse tipo de ideologia, que foi construída em relação a essas intervenções que são propagadas como uma espécie de modernidade civilizatória, mas tem laço colonial definidor e fundante.

Entrando um pouco na questão da *arquitetura forense*, você tem aqui de novo uma distinção importante do modo de pensar do modernismo e o contemporâneo. Como é essa estratégia de investigação e de trabalho para os arquitetos, na medida que ele coloca novos problemas para a disciplina da arquitetura?

A *arquitetura forense*, se a gente for resumir, ela parte do princípio de que certas intervenções no espaço construído e no espaço natural funcionam como instrumento de violação dos direitos humanos e de modos de exercer violência. O espaço, ele mesmo, também pode ser interpretado, analisado, percebido, documentado como uma evidência da violação dos direitos e de eventos de violência perpetrados por estados e por corporações. Então o que a gente faz nesse grupo [Forensic Architecture] é tentar entender como o espaço é uma espécie de meio de violação de direitos, de execução de violência, e como a gente pode utilizar certas ferramentas tradicionais da arquitetura, do campo do design, como desenhos, gráficos, modelos, para documentar essas violações. Isso tem a ver com aquele aspecto que eu falei de que a prática do design, da arquitetura e do urbanismo é uma prática da advocacia.

Se a cidade é um direito, nós que lidamos com intervenções espaciais somos de alguma maneira advogados desses direitos. A prática forense tem alguma coisa a ver com isso, mas do ponto de vista investigativo em que nós buscamos interpretar a paisagem como evidência da violação desses direitos. Os documentos podem ser utilizados em diversos tipos fóruns para avançar em causas das populações que tiveram seus direitos violados. Essa prática está relacionada com uma espécie de perda de inocência da própria disciplina da arquitetura, em relação a quais eram seus efeitos, quais eram suas funções e como a prática da arquitetura e do urbanismo foi mobilizada ao longo da história por diversos sistemas de poder para perpetrar a violência. Reconhecendo isso é que se pode operacionalizar a própria disciplina do design de outra maneira.

Em relação ao nosso contexto, se a gente começar a observar do ponto de vista da Amazônia ou dos povos que habitavam aqui, eles vão ser instrumentos de controle colonial e vão estar implicados num contexto de violação de direitos, tanto do ponto de vista da terra, como dos povos indígenas. Isso é um dos aspectos mais fundamentais ou a novidade mais significativa presente no relatório da Comissão Nacional da Verdade. Trata-se do reconhecimento de que os povos indígenas sofreram graves e sistemáticas violações dos direitos humanos e dos seus direitos territoriais. E que grande parte dessas violações estavam relacionadas com essas políticas de ocupação das fronteiras do interior do país, que foram operacionalizados por uma série de desenhos muito concretos, tanto de desenho de cidades como de infraestrutura.

De alguma maneira, é possível entender o papel da prática da arquitetura e do urbanismo nesse processo. A *arquitetura forense* oferece uma espécie de metodologia e mecanismos, mas também de conceitos, para se tentar entender esse processo, tanto no contexto local, mas também numa série de outros contextos, inclusive em contextos de guerra, como a situação na Síria, no Afeganistão e na Faixa de Gaza.

Você chegou a expor na Bienal de Istambul o trabalho *Archeology of Violence*. Queria saber qual foi sua intenção de expor dentro de um salão de arte?

A minha prática tem um compromisso com a interdisciplinaridade. Trabalho tanto no viés do ativismo político, mas tanto numa espécie de metarreflexão na própria história da arquitetura. Há uma reflexão simultânea para uma situação muito real, muito concreta, e ela tem uma dimensão de buscar fazer uma intervenção. O projeto que foi apresentado na Bienal de Istambul é uma documentação sobre um processo de remoção forçada de povos indígenas durante a ditadura militar. Um estudo voltado para uma situação muito concreta, que envolve violação de direitos humanos, mas que, ao mesmo tempo, faz uma reflexão sobre o próprio papel do design num entendimento da floresta. Uma espécie de reflexão sobre a própria prática do design e da cultura visual em geral. Ele ocupa não apenas um espaço circunscrito, mas vários espaços simultaneamente, desde uma exibição sobre design, até um fórum, numa corte de lei, num fórum como as discussões em volta da Comissão Nacional da Verdade ou dos crimes que foram perpetrados contra os indígenas. Eu acho que, nesse aspecto de deslocamento do trabalho, você tem uma espécie de transversalidade entre diferentes registros e é algo fundamental dentro da prática do design contemporâneo.

Obrigada, Paulo!

biografias

Ana Castro
Doutora em Arquitetura e Urbanismo é professora da Faculdade de Arquitetura e Urbanismo da USP. Tem experiência na área de Arquitetura e Urbanismo, com ênfase em Fundamento Sociais da Arquitetura e do Urbanismo, atuando principalmente nos seguintes temas: cidade, história, historiografia, cultura urbana, São Paulo e América Latina. É autora de *São Paulo de Menotti del Picchia: arquitetura, arte e cidade nas crônicas de um modernista* (Alameda Editorial, 2008), além de capítulos de livros, artigos em periódicos científicos e outros livros.

André Dal'Bó da Costa
André Dal'Bó da Costa é arquiteto urbanista graduado pela Unicamp (2009) mestre em arquitetura e urbanismo pelo IAU-USP (2013) e doutorando também pelo IAU-USP. Foi professor do curso de arquitetura e urbanismo da PUC-MG e atualmente é pesquisador convidado da Universidade de Paris-Nanterre, onde desenvolve estágio doutoral.

Diana Helene
Professora de estudos urbanos no curso de Arquitetura e Urbanismo da Universidade do Grande Rio (UNIGRANRIO), cartunista, comunicadora popular, feminista, é doutora em Planejamento Urbano e Regional no Instituto de Pesquisa e Planejamento Urbano e Regional da Universidade Federal do Rio de Janeiro – IPPUR-UFRJ (2015) com doutorado sanduíche na École des Hautes Études en Sciences Sociales – EHESS (Paris-França, 2013); e pós-doutorado em estudos urbanos no Instituto de Geografia da Université du Québec à Montréal – UQAM (Canadá, 2017). Atualmente realiza pós-doutorado em

Planejamento Urbano e Regional no IPPUR-UFRJ. Ganhou o prêmio de melhor tese na área do Planejamento Urbano pelo Prêmio Capes de Tese – Edição 2016 (Helene, 2015).

Flávia Brito do Nascimento

Professora da Faculdade de Arquitetura e Urbanismo da USP. Bacharel e licenciada em História pela Universidade Federal Fluminense é doutora pela Faculdade de Arquitetura e Urbanismo da USP. Trabalhou em instituições de preservação do patrimônio cultural em diversos níveis (Iphan, Inepac e Unesco). É autora de artigos científicos nacionais e internacionais e diversos livros como *Blocos de memórias: habitação social, arquitetura moderna e patrimônio cultural* (Edusp, 2016). Foi professora visitante na Universidade da Califórnia, Berkeley, Estados Unidos, vinculada ao IASTE – International Association for the Study of Traditional Environments. Suas pesquisas tratam principalmente dos temas de patrimônio cultural, políticas de preservação, patrimônio urbano, habitação social, conjuntos residenciais e história do Rio de Janeiro.

Joana Barros

Doutora em Sociologia pela USP, universidade onde se graduou em Arquitetura e Urbanismo. Pesquisadora do Grupo Distúrbio (UERJ/UFRRJ) e do CENEDIC – Centro de Estudos dos Direitos da Cidadania da USP, dedica-se à pesquisa com ênfase em Sociologia Política e Urbana, principalmente nos seguintes temas: direitos sociais, políticas públicas, pobreza, população de rua, movimentos sociais e cidades. Trabalhou como arquiteta e urbanista, atuando junto aos movimentos populares de habitação. É pós doutoranda no Instituto de Arquitetura e Urbanismo da USP.

Luciana Ferrara

Possui graduação em Arquitetura e Urbanismo pela USP, onde obteve seu doutoramento. Realizou estágio de pesquisa doutoral na Université du Québec à Montréal, Canadá (2010-2011). Integra a equipe de pesquisadores do Laboratório de Habitação e Assentamentos Humanos da FAUUSP desde 2004. Trabalhou como assistente técnica de promotoria no Ministério Público do Estado de São Paulo. Atualmente é professora da Universidade Federal do ABC, vinculada ao Centro de Engenharia, Modelagem e Ciências Sociais Aplicadas. Atua na área de Arquitetura e Urbanismo, com ênfase em Planejamento Urbano e Ambiental, principalmente nos seguintes temas: moradia social, políticas públicas urbanas, meio ambiente, mananciais urbanos e infraestrutura urbana.

Nilce Aravecchia-Botas

Possui graduação em Arquitetura e Urbanismo pela USP, onde obteve seu doutoramento. é autora do livro *Estado, arquitetura e desenvolvimento: a ação habitacional do Iapi* (Editora Fap-Unifesp, 2016), de diversos artigos científicos e capítulos em livros. Tem experiência na área de arquitetura e urbanismo, com ênfase nas pesquisas de história, atuando principalmente nos seguintes temas: história da habitação; o papel dos engenheiros e dos arquitetos no serviço público; história da tecnologia e da industrialização na arquitetura habitacional; arquitetura, habitação e processos de urbanização nas questões do desenvolvimento no Brasil e na América Latina. Integra o Laboratório para Outros Urbanismos.

Paula Santoro

Possui graduação em Arquitetura e Urbanismo pela USP, onde obteve seu doutoramento. Fez parte do doutorado na Universidade Politécnica da Cataluña (ETSAB-UPC) em Barcelona, Espanha (2010). Cursou especialização em Política de Terras na América Latina pelo Lincoln Institute of Land Policy, Panamá (2007). Foi Assistente Técnica do Ministério Público do Estado de São Paulo nos temas Habitação, Urbanismo e Meio Ambiente (2011-2013). Tem experiência na área de Arquitetura e Urbanismo, atuando principalmente nos seguintes temas: Plano Diretor, Planejamento Territorial, Meio Ambiente, Urbanismo,

Plano Urbano, Gestão Social da Valorização da Terra, Mobilidade Urbana, espaço público/comum. Atualmente é professora do Depto. de Projeto da FAUUSP e coordena projeto ObservaSP junto ao LabCidade FAUUSP.

Paulo Tavares
Paulo Tavares é arquiteto e urbanista. Atualmente é professor da Faculdade de Arquitetura da Universidade de Brasília, e antes lecionou no Centro de Pesquisa em Arquitetura – Goldsmiths, na Universidade de Cornell, e na Pontifícia Universidade Católica do Equador. Seus projetos e textos foram publicados e exibidos em diferentes contextos, mais recentemente na Bienal de Design de Istambul (2016) e na Bienal de Arte de Sharjah (2017). Em 2017 Tavares criou a agência Autonoma, uma plataforma dedicada a explorar novas formas de pensar e produzir a cidade.

Esta obra foi impressa em São Paulo no inverno de 2018.
No texto foram utilizadas as fontes Arno em corpo 10 e Helvetica Neue Condensed em corpo 9, ambas com entrelinha de 12 pontos.